公務員になりたい！ ベテラン公務員が教えるお役所就職ガイド

秋田将人

JN052874

星海社

247

SEIKAISHA SHINSHO

公務員は、現在でも人気の職業です。
法人会員向けに与信管理サービスを提供するリスクモンスター社が発表した「大学1、2年生が就職したいと思う企業・業種ランキング」（2022年7月調査）では、以下のようなランキングになっています。

1位：地方公務員
2位：国家公務員
3位：グーグル（Google）
4位：任天堂
5位：アップル（Apple）
6位：ソニー・ミュージックエンタテインメント

7位：ソニーグループ
8位：明治
9位：資生堂
10位：味の素
10位：楽天グループ

なんと公務員がワンツーフィニッシュです。また、よくある「親が子どもに就かせたい職業ランキング」でも公務員はトップになっています。

地方公務員を30年以上経験してきた自分としては、これはうれしいことでもありますが、同時に少し違和感も覚えます。なぜなら、「本当に、公務員のことを理解しているのかな」と思うからです。

多くの人が、公務員という職業に期待するものは、何でしょうか。「マイナビ2023年卒公務員イメージ調査」によると、「公務員になりたいと思う理由」の上位3位は「安定している」「休日や福利厚生が充実している」「社会的貢献度が高い」です。

いずれも世間一般に浸透しているイメージです。もちろん間違いとは言いませんが、そうした捉え方だけで公務員を志望するのは、やや危険な気がします。なぜなら、「全自治体対象、公務員のメンタル調査　休職者増で総務省」（日本経済新聞　2021年8月10日）によれば、「地方公務員の休職者が増加傾向で、多くは精神疾患が原因」とあり、また官僚のメンタル休職者は民間の3倍いるとも言われているからです。

こうした現状を踏まえると、やはり公務員の実態を理解せずに、先に挙げたような世間一般のイメージだけを捉えて公務員になってしまったことが、原因の1つであると思わざるを得ないのです。

それは、公務員になった人にとっても、社会にとっても損失です。場合によっては、その人の人生をダメにしてしまうかもしれません。そうなっては、何のために公務員になったのかわかりませんし、せっかくの人生をムダにしてしまいます。そのようなことがないように、皆さんに公務員の実態をお伝えしたいと思い、まとめたのが本書です。

皆さんもご承知のように「税金ドロボー」と揶揄されるなど、いつの時代も公務員は世間から批判の対象です。そして、実際に役所に、モンスタークレーマーが訪れ、長時間にわたって職員に文句を言い続けます。また、施設建設などの住民説明会では、心ない言葉を浴びせられることもあります。

人気第1位の地方公務員、特に市区町村である基礎自治体は住民に最も身近な行政ですので、そうした住民から逃れることはできません。そのため、そうしたクレーム対応のせいでメンタルを壊してしまい、休職に追い込まれる職員は少なくないのです。地方公務員である以上、住民対応を一度も経験しない公務員はいないでしょう。

また、公務員も組織人の一人ですから、様々な組織のルールや制約に縛られることになります。民間企業と同様に、職場の人間関係に悩んだり、足の引っ張り合いがあったりしますし、公務員特有のお役所仕事で、疑問に思うこともあります。そうしたことが嫌になって退職してしまう人もいるくらいです。

皆さんは、こうした実態を知っても、公務員を志望するでしょうか。

ただ、私自身の経験から言えば、「公務員になって良かった」と今でも思っています。しかし、それは公務員が、先に挙げた「安定している」「休日や福利厚生が充実している」「社会的貢献度が高い」だけのバラ色の世界だからではありません。

私も激しい住民との対立を経験してきましたが、それを乗り越えた時に、住民と理解し合えた瞬間があったからです。住民と公務員が「何とか、このまちを良くしたい」という思いで、口角泡を飛ばして議論を行い、時にぶつかり合い、時に冷え切った関係に陥ったとしても、その先に「お互いがわかり合えた」という貴重な体験ができたからです。そうしたことが、まさに公務員としてのやりがいだったりするのです。

本書が、公務員を志望する皆さんにとって、少しでも参考になれば幸いです。

目次

第2章 公務員に必要なスキル 75

第3章 公務員の出世術 113

第4章 公務員が人間関係のストレスを減らすコツ 141

終章 公務員という生き方 187

第1章

公務員は他の仕事とどう違うか

1　公務員試験合格のために必要な3つのもの

就職人気ランキングでトップを占める人気の仕事である公務員の採用試験を毎年多くの人が受験するのは、皆さんもご承知でしょう。では、どのようにすれば試験に受かりやすくなるのでしょうか。

世間では多くの公務員試験参考書がありますので、専門的な話はそういった書籍に譲りますが、これまで長年、採用試験で論文採点や面接官を担当した私の経験から、公務員試験に合格するために本質的に必要なものを、最初に皆さんにご紹介したいと思います。

先に結論から申し上げると、合格に必要なものは3つです。それは、知識・愛情・営業です。順に説明しましょう。

まず知識です。これは一般に、筆記試験での数的処理などの知能分野と、憲法・経済学などの知識分野に大別できます。公務員として働くため、憲法などの知識が必要なことは言うまでもありません。また、一見業務とは関係なさそうな知能分野も、各種資料の解釈や問題解決のための論理的思考にとってとても重要です。一般に受験生は、こうした筆記試験の科目の多さに目を奪われがちです。

しかし、知識は筆記試験に限らず、実は面接試験でも必要です。それは「窓口に、モンスタークレーマーが来ています。あなたは、どのように対応しますか」「上司から違法とも思える指示があった場合、あなたはどうしますか」といった質問が出されるからです。これは、現場感覚・社会常識を持ち合わせているかという知識の検証でもあるのです。

それから、市町村である基礎自治体と、都道府県である広域自治体の担当する業務の違いを理解しているのか、ということも問われます。市役所の面接で、県が担当する業務を行いたいと熱く語る勘違い受験生も、残念ながら実際にいるのです。さらに、受験する自治体のキャッチフレーズ（まちの将来像）や重要施策、市政課題などについても、当然のことながら、受験生としては知っておかなくてはなりません。

これは、2点目の愛情にも関わります。受験生は、「○○省に入りたい」、「△△市の職員になりたい」と思って受験しているわけですから、もちろん○○省や△△市のことについて深く知っているはずです。にもかかわらず、重要施策や課題について質問しても答えられないのであれば、面接官としては「本心から志望しているの？」と受験生の愛情を疑ってしまうわけです。

「やってみたい仕事」に関する質問も同様です。「○○市を希望しています。与えられた仕事は何でもやります。でも、特にやってみたい仕事はありません」では、やはり疑問が生まれてしまいます。受験生には、「やってみたい仕事」を熱く語ってもらわないと、愛情が本物なのかはわかりません。

そしてこの愛情が最も試されるのは、面接における志望動機でしょう。「△△市で働きたい！」というならば、やはりその市の魅力を熱く語ってもらわなくては、愛情を信じることはできません。例は適切かわかりませんが、恋人から「私の好きなところを10個挙げて！」という多少のウザさと共通していると言えるかもしれません。しかし、それを演じない（？）と、面接官に信じてもらえないのです。

また、受験生が「住民と身近に接する業務がしたいので、△△市が第一志望です！」と元気よく答えるものの、面接カードに書かれている併願先が国や都道府県ばかりであったら、やはり面接官としては「本当かな？」と冷静に勘繰ってしまうでしょう。

これは3点目の営業にも関係します。営業とは、自分という商品を国や自治体に購入（採用）してもらうための説明力と言っても良いかもしれません。本来は複雑な精神構造を持っている自分という人間を、1つの商品としてパッケージ化して、国や自治体に「これを購入すると良いですよ」と説明することです。

この営業力（説明力）が確かでないと、顧客である国や自治体の面接官は安心して購入（採用）することができません。「なぜ、○○市で働きたいのか」、「セールスポイント（長所・強み）は何か」、「実際に職員となった場合に、どのような貢献をしてくれるのか」など、的確な商品の説明がなければ困るのです。

顧客からの「本当に、この商品は大丈夫？　すぐにダメになってしまうのでは」といった厳しい突っ込みにも、「いえいえ、十分なストレス耐性がありますので大丈夫です！」と理由を明確にして営業しなければ、なかなか顧客は首を縦に振ってくれないでしょう。「自信を持って、この商品をおススメします！」という態度、理論武装が大事で、顧客の質問に的確に答えなければ購入（採用）されることはありません。

ただ、こうした説明に納得するかしないかは面接官次第です。面接官の中で判断が異なることも当然あります。こうした場合、面接終了後に面接官同士で話し合って評価をすり合わせることも、実際にあります。

なお、皆さんに特に覚えておいてほしい点があります。それは、「ちょっとこの人は……」と適性を疑ってしまうような面接官もいるということです。面接官は、人事担当の職員とは限らず、他の部署から駆り出される応援職員であることも少なくありません。このため、本書でもご紹介する少々偏屈な人が面接官になってしまうことも、残念ながらあるわけです。「そんな疑問のある職員が面接官になるなんておかしい！」と立腹する人もいるかもしれませんが、それが実態ですから、文句を言っても先に進まないのです。

公務員試験の受験生を考える皆さんには、こうした事態があることも十分認識した上で、どのような人が面接官であれ、必ず合格基準をクリアする柔軟な対応力を身につけていただけることを願ってやみません。そのためにも公務員が実際にどのような仕事をしてどのような考え方を持っているか、そして職員にはどのようなタイプの人がいるのかを理解していただくことはきっと有益なはずです。

それでは次項からはいよいよ、公務員のリアルな働き方をご紹介しましょう。

2 スーツを着て出勤してはいけない？　公務員の仕事の多様性

入庁1年目の4月某日、朝。1日に入庁式、2日以降に数日の研修があった後、初めて職場で本格的に仕事をする日のことです。私の公務員としての初仕事は、全く想像もしていないものになりました。この経験から学んだ、公務員の仕事の多様性を最初にお伝えしようと思います。

その日自分は、6人いる係の末席に、何をして良いのかもわからず、ただぽつんと座っているしかありませんでした。

「じゃあ、今日は、せっかくだから、現場に行ってもらおうか」と50代と思われる係長は、笑顔で話しかけてきます。すかさず「係長、まだ早いですよ。この前、入ってきたばかりなんですから」と、隣に座っている先輩が何かありげに言います。しかし、係長は「いやいや、経験は早い方が良い。秋田君を、一緒に連れて行ってくれ」と先輩を促します。

そして、先輩と共に役所の車に乗り込むこととなったのですが、すぐに違和感を覚えました。先輩はジーパンにシャツ姿で、スーツ姿の自分とは対照的だったからです。

「まあ、今日は、雰囲気を感じてくれれば良いよ」と運転する先輩。「昨日、1人のホームレスを簡易宿泊所に入れたんだけど、今日、病院に入院させるんだ」と言うのですが、事情が飲み込めず、ただ「はあ」と返事するしかありませんでした。

車は、お世辞にもきれいとは言えない、古い木造建築物の前で止まります。玄関を入ると、高齢女性が「ああ、お待ちしていました」と、玄関横の部屋から出てきて、笑顔で迎えてくれました。後で知ったのですが、彼女はここの管理人でした。そして、先輩と自分を、ある一室に案内してくれたのです。

しかし、その部屋の扉を開けた瞬間、とんでもない異臭が鼻を襲ってきました。目の前には、上下2段ベッドが左右にあり、それぞれに高齢の男性が横たわっていました。その中の1人に、管理人の女性が話しかけます。男性の顔はドス黒く、髪や髭は伸び放題、直前までホームレスだったことは、すぐにわかりました。

「役所の人が来てくれましたよ。今から、病院に行きますからね」と男性に声をかけますが、反応はあまりありません。ようやく体を動かしたその瞬間、ぎょっとしました。ベッドに男性の汚物が、散らばっていたのです。

すかさず、女性が「あ〜、出ちゃったね。これじゃ、入院させてくれないよ。今、着替え持ってくるからね」と驚くこともなく、下着を取りに行きました。そして、その後に男のズボンを下げて、着替えさせたのです。その様子に、全く言葉を失っていました。

それから、男性を車へと向かわせることになりました。しかし、体がよほど悪いのか、松葉杖を使っており、動作は非常に鈍かったのです。途中で、ガタっと音がして、視線をそちらに向けて驚きました。男性の足の一部が、廊下に横たわっていたのです。

一瞬、血の気を失いましたが、先輩は何事もなかったように、「悪いけど、それ拾ってくれる？」と言います。よく見ると、義足でした。「はっ、はい……」と慌てて返事をして、義足を抱えたまま車へと向かいます。そして、病院に向かい、そのまま入院することとなりました。男性が、病院のベッドに横になり、「ありがとうございました」と我々に言った時、初めて少し気が楽になったように感じました。

役所に戻る車中で、先輩が「今日は、大変だったけど、大丈夫？」と気を遣ってくれました。「はい、何とか」と言葉にしましたが、正直に言えば、とても大丈夫とは言えない気分でした。そして、先輩が続けます。「まあ、こんなことは頻繁にあることじゃないから。それに、だんだん慣れていくから、気楽にやってね。ただ、明日からは、スーツは、着てこない方がいいね」と。

以上が、初仕事の様子です。念のため申し上げておくと、私は福祉職などの専門職として役所に入ったわけでなく、一般的な行政職・事務職でした。たまたま、最初の配属先が、生活保護を担当する福祉事務所だったのです。

役所には、一般に生活しているだけでは想像できないほど様々な部署があります。それは、住民の生活全般に関わるからです。出生届・死亡届などを扱う戸籍住民課、町会活動等を支える地域振興課、子育て支援を行う児童課や保育課、福祉施策の高齢福祉課や障害者福祉課などです。また、市政全般を総括する企画調整課や、さらに教育委員会、選挙管理委員会、議会事務局などもあります。

さて、服装の話に戻ると、道路、河川、公園を担当する土木職などの専門職の職員が、役所から支給された作業着で業務を行っていることは、容易に想像がつくと思います。

しかし、専門職ではない、一般的な行政職・事務職であっても、必ずしもスーツなどを着用しているわけではありません。いわゆる現場を抱える職場であれば、ラフな服装であることもあれば、専門職のように作業着を着用して業務を行うこともあるのです。

例えば、防災課です。防災課職員は行政職であることがほとんどですが、庁内だけで業務を行っているわけでなく、防災倉庫（備蓄食糧などを保管している）、防災行政無線（学校の屋上などに設置してあるスピーカー）、街頭消火器（市内に設置されている消火器）など、多くの現場を抱えています。このため、防災服などで業務を行った方が作業しやすいのです。また、役所内の机・椅子などの管理を行う管財部門も同様です。

もちろん、スーツを着て業務を行う職場も数多くあります。本庁舎内の職場は、スーツ着用の方が多いかもしれません。ちなみに、自治体によっては制服が定められていることがあります。こうした服装については、自治体によってルールは異なるのです。

しかし、このように公務員の服装を取り上げただけでも、公務員の業務の多様性を理解できるかと思います。住民の生活全般に関わるため、民間企業よりずっと幅広い分野で仕事をする可能性があるのが公務員です。

本章ではこのように、民間企業と比べた公務員の特徴や、世間の公務員イメージと実態の異同を見ていくことで、公務員の仕事を立体的に捉える一助になればと願います。

3 住民対応は基本のキ

公務員にとって最重要の仕事が、サービスの受け手である住民への対応であることは言うまでもありません。しかし、公務員の住民対応は民間企業の顧客対応とはかなり異なります。この点から民間企業と公務員の違いを見ていきましょう。

まず、行政サービスは、基本的にすべての住民に適用されるため、誰もが平等に同じサービスを受けられることが求められます。民間企業のように「一部の人の心に刺さるサービス・商品を作れば良い」ということは求められていません。このため、公平中立が根本にあり、特定地域の住民だけがサービスを受けられるようなことはないのです。ただし、格差を是正し、実質的な平等を確保するために、サービスの対象者が障害者や低所得者などに限定されるということがあります。

また、行政サービスは、時と場合により強制力を持ちます。例えば、児童虐待のケースがあれば、保護者の意に反しても一時保護を行うことができる権限や、虐待のおそれがある家庭への立入調査ができるわけです。このような場合は、住民サービスというよりも公権力の行使という表現が適切かもしれません。しかし、これも住民対応です。

住民と最も接するのは、何といっても基礎自治体である市区町村の公務員です。この立場から、実際の住民対応の様子をいくつかご紹介したいと思います。

皆さんが一番思い浮かべやすいのは、住民票の交付や転出転入の手続きなどの市民課の窓口、または出張所かもしれません。公務員の立場から見ると、こうした窓口対応は、トラブルなく迅速に行うことが大事になります。

住民と公務員のやり取りはほんの短い時間なのですが、トラブルの火種は結構あるのです。職員の態度が悪いなどは論外ですが、住民にとってわかりにくいお役所言葉を使ってしまったり、年度末で大勢の住民が殺到し待ち時間が長くなってしまったりと、必ずといっていいほど、こうした職場ではトラブルが発生してしまうのです。

また、もう少し長い時間、住民対応が必要なことがあります。例えば、住民説明会などです。「今度、ごみ出しのルールが変わります！」と住民に周知するような時、市内のいくつかの場所で、住民に対して説明会を開催します。

このような時は、時間も最低1時間くらいは必要となります。また、説明会は住民の皆さんに理解していただくことが目的ですから、窓口対応とは異なり、もう少しじっくりと向き合うことになります。一般的には、上司の挨拶、職員による説明、質疑応答のような流れで、説明会は進行します。

こうした場面でも、職員の接遇が重要なのはもちろんですが、それ以上に、誰にでもわかりやすい説明、効果的な資料、説明会の構成なども重要になってきます。

基礎自治体の職員は、こうした住民説明会の業務を、必ずどこかの部署で経験することになります。このため、職員は説明力や傾聴力などが鍛えられるのです。

さらに、担当業務そのものが、住民からの相談への対応ということも少なくありません。例えば、障害を抱える子どものために、どのようなサービスを受けることができるのかを、その親が窓口で聞くようなケースです。

こうした場合、障害の程度、生活状況、家族構成など、様々な状況を聞くこととなりますので、かなり突っ込んだやり取りがされます。場合によっては、自宅で生活することは困難と判断して、施設に入所することもあります。

そうすると、その人の人生そのものに深く影響することになるわけです。職員としても慎重な判断が求められますから、職員一人で決定するのではなく、職場で話し合って対応を考えるということも、当然あります。

また、楽しい住民対応もあります。それはイベントなどの時です。年に1回開催される市民まつりでは、役所の各部署がブースを出展し、各事業をアピールします。こうした時、ゲームを行ったり、無料で啓発グッズを配布したりしますので、楽しいひとときとなります。ゲームを行った子どもに、記念品を持ち帰る際に、「ありがとう！　楽しかった！」などと言われると、やはりうれしいものです。

ちなみに、選挙の事務にも似ているところがあります。投票所には、だいたいいつも風船が用意されていました。投票する親と一緒に来た子ども達に渡すのですが、なぜか意外に人気があります。夕方になって風船を配り終わってしまい、「今日は、風船はないの？」

と言われたりすると、少し申し訳ない気持ちにもなってしまいます。

このように、一口に住民対応といっても本当に様々で、この幅広さは1つの企業に属している限りはなかなか体験できないのではないでしょうか。実際、公務員試験を受験しようとしている学生と話していると、「住民に最も近い行政がいいので、市役所が第一希望です」というフレーズをよく聞きます。

確かに、住民からの反応を直接感じることができるのは、基礎自治体の職員でしょう。また、自分自身も長く基礎自治体に身を置いた経験からすれば、退職した今でも、基礎自治体の選択は間違っていなかったと思っています。しかし、住民に近いことが得意な人と苦手な人がいると思いますので、公務員を目指すにあたっては志望する職種の業務内容を十分に理解しておく必要があります。

4 役所の中のプロフェッショナルとゼネラリスト

ここまで公務員の仕事の幅広さをご紹介しましたが、実は例外があります。それは各分野のプロフェッショナルである専門職です。公務員は大きく分けて専門職と行政職・事務職の2つに分けることができます。この種別は公務員採用試験での採用時に決まります。

専門職は、土木職、建築職、心理職、保健師、保育士、栄養士などがあり、それぞれの専門分野が決まっています。

専門職の職員は、基本的に担当する業務が決まっていますので、入庁から定年までにやるべきことは概ね決まっています。もちろん、係長などになって、部下や業務をマネジメントすることはあります。しかし、担当する業務は、基本的には変わりません。

一方で、行政職・事務職の職員は、そうした専門分野がなく、様々な職場に行くことになります。こちらは一般的には文系の大学や普通高校に在籍している人が受験するものとイメージすればわかりやすいでしょう。同期入庁者の中でも、最も人数が多い職種です。仕事内容としては住民票の交付・高齢者福祉などの住民サービスの最前線もあれば、人事・経理といった民間企業と変わらない内部管理的業務、また選挙管理委員会・議会事務局など自治体ならではの業務、さらに情報システムなどのかなり専門的な内容を取り扱う部署もあります。

このため、行政職・事務職の職員の異動は、かなりバラエティーに富んでいます。民間に就職した友人や、親しくなった町会長に「そんなに仕事の内容が変わって、よくやっていられるな」と変に感心されてしまうこともあります。確かに、昨日まで、作業着で市内を自転車で走っていた職員が、今日からはスーツを着て、大学生相手に採用活動を行っていたりすることがあるのですから。この身の変わりの早さは、とても重要です。

4月1日になり新たな配属先に行ったら、もう以前からその職場にいたかのように振舞うことが求められているのです。当然、対応する相手も変わってきます。現場であれば住民の方が多いのですが、議会事務局であれば、当然のことながら議員対応が多くなります。また、情報システム課であれば、役所が委託しているベンダー会社などとのやり取りが増えるでしょう。さらに、行政計画を策定する際には、大学教員、関係行政機関職員、関係団体職員とやり取りするなど、本当に様々です。業務内容によって、相手をする人が大きく異なってくるのです。

こうした人事異動となる背景には、行政職・事務職の職員をゼネラリストとして養成するという考え方があります。先に述べたように、自治体の業務は多岐にわたります。このため、行政職・事務職の職員を特定分野のスペシャリストとして養成してしまうと、職員の配置先が固定化してしまうのです。そうすると、「○○課に在籍10年」のような職員が生まれてしまいますので、不正が起きやすくなってしまうのです。

また、将来、課長や部長などの管理職（幹部職員）になるのは、やはり行政職・事務職の職員が多いわけです。そのため、若いうちからスペシャリストとして養成してしまうと、視野の狭い管理職が誕生してしまいますし、また、そうした職員を未経験の部署へ配属することに、やはり躊躇してしまうでしょう。このため、どうしてもゼネラリスト養成が必要なのです。

確かに、自分も10か所以上の職場を経験してきました。そうした経験をすることで、役所全体を広く見ることができたと思います。例えば、住民サービスの部署にいた時は、もう少しサービスを拡充させたいなと思います。しかし、自治体の予算を管理する財政課にいくと、限りある財源を効果的に配分しなければならないと考えるようになります。各事業課の予算要求をそのまま受け入れていたら、自治体が財政破綻してしまうため、どうしてもお財布のひもを固く締めることの方に気が向いてしまうわけです。

このように、様々な部署を経験することで、職員としてもバランス感覚を持つことができ、「何が本当に効果的なのか？」を考えられるようになるのです。これは、より良い住民サービスを考える上で大事な経験であり、同時に職員としての成長とも言えます。

しかし、最近では、行政職・事務職であっても、その中からスペシャリストを養成しようという風潮があります。これには業務がより高度化・複雑化してきたことと、職員にとってもその方が有益であるという2つの側面があります。

例えば、情報システムや福祉業務などは、かなり専門的な分野です。そこで、これらのスペシャリストを養成するため、庁内公募制という形で、広く職員を募集することがあります。これに応募して認められれば、その職員はスペシャリストとして歩んでいくことが可能となります。本人のやりがいやキャリアプランなどを考えると、実はこの方が幸せで、本人にとっても役所にとっても良かったということもあります。場合によっては、退職後の仕事に結び付くかもしれませんし、その道のプロとして充実した人生を歩んでいけるかもしれません。

民間企業であっても、配属先によって業務内容が変わることはあるかと思います。しかし、公務員ほど大きな変化はないと思います。前述したように、公務員の場合は、「転職したのですか？」と思えるくらいの劇的な変化が、実際にあるからです。

「公務員は、基本的にゼネラリストとして育成される」ということは、認識しておく必要があると思います。このため、それを望まない人が、公務員になるとつらく感じてしまうでしょう。「担当業務がいろいろと変わっても、それを楽しめる」という人は公務員向きと言っても良いかもしれません。

5　役割分担と縦割り主義

次は、公務員の仕事の特徴をより具体的に見ていきましょう。

当然のことですが、公務員になると、一人ひとりに担当業務が割り振られます。公務員の役割分担の仕組みにはポジティブな面とネガティブな面がありますので、著者の実体験に基づいてお話ししましょう。

まず担当業務とは何かというと、例えば自治体の福祉事務所で生活保護受給者を支援する職員を、一般にケースワーカーと言いますが、このケースワーカーでは、「〇〇地区担当」のように、住所別で担当者が決まることになります。

また、いわゆる窓口職場と呼ばれるような、多くの職員が同じ業務を行っている場合もあります。例えば、市民課であれば、住民票の交付などの業務を行っていますが、これは同じ業務を複数の職員が担当しているわけです。出張所の職員も同様です。

さらに、病気のため休職している職員であっても、「休む」という役割が与えられていることになります。このように、職員それぞれには役割分担があるのですが、これを「職」と言い、公務員の身分と考えればわかりやすいかもしれません。

さて、このような役割分担が各職員にあることは、様々な意味を持つことになります。

第一に、この役割分担は、国の省庁組織の構成を都道府県・市区町村が踏襲することが多く、全国的に類似した組織構造が作られるとともに、例外への対応が難しくもなってしまいます。

例えば、ある市役所の福祉部であれば、その下に高齢福祉課、障害福祉課などのいくつかの課があります。そして、高齢福祉課では、高齢者医療係、高齢者生きがい係など、複数の係に分かれることになるわけです。高齢者生きがい係のある職員は、係にある様々な業務の中で、「老人クラブ担当」のような役割分担がされるわけです。

こうした組織の構成は、基本的に国の省庁の組織構成に対応します。先の高齢福祉課の業務は、厚生労働省老健局の高齢者支援課の業務に該当する、などとなるわけです。もちろんすべてが1対1の関係ではありません。ただ、業務の区分方法は、国の組織が基本になっており、職員の役割分担は、それに基づいて細分化されます。よって、国・都道府県・

市区町村の区別に関係なく、職員の役割分担が全国的に類似するのです。

これの何がいいかというと、他の自治体や部署に活用できる資源が数多くあることになり、他の自治体のホームページにある事業説明の図表や不祥事の謝罪文、他部署にある議事録や集計のための表計算ファイルなど、ありとあらゆるものが活用でき、思考も時間も省力化することが可能となります。場合によっては、他の自治体に電話して、「〇〇に関する住民向けの資料はありませんか」と聞いて、実際に送ってもらうこともあります。こうした自治体間の連携は、珍しいことではありません。これは、やはり自治体業務という同種性、公務という業務の同一性が大きく関係していると言って良いでしょう。

一方で、従来型の組織に当てはまらない業務については、しばしば役所内で混乱を引き起こします。これは、公務員が苦手な分野と言っても良いでしょう。

例えば、ヤングケアラー（本来、大人が担うと想定されている家事や家族の世話などを日常的に行っている子ども）の問題も、担当部署は福祉なのか、教育委員会なのかなどと揉めることになります。

第二に、この役割分担が縦割り主義を生むことになります。ピラミッド型に細分化された組織は、明確に業務が区分されています。市役所の組織は上から部・課・係となり、役職の高い順に部長・課長・係長がおり、係長の下に係員がいることになります。そして、それぞれの職員が担当業務を持ちます。このため、「老人クラブのことについて聞きたい」という市民がいれば、その担当職員が対応することになります。

しかし、運悪くその職員が出張などで不在の場合、市民の質問に答えられないということも起きます。もちろん簡単な質問であれば、他の係員でも答えられるかもしれませんが、少々込み入った内容になってしまうと、担当者でないと答えられないという事態も起きてしまうのです。そうすると、「現在、担当者が不在ですので、後ほどこちらからお電話します」といった対応になります。

役所の批判として言われる「たらい回し」の原因の1つもここにあります。例えば、定年を迎えた高齢者が何か活動したいと考えたとします。このため、老人クラブについて質問をしに、高齢者生きがい係の窓口に来ました。しかし、職員の説明を聞くうちに、自分には老人クラブよりもボランティアや軽作業の仕事の方が向いているのではないかと考えました。そこで、そのことを職員に伝えます。

すると、「ボランティアであれば、ボランティアセンターに行ってください。仕事であれば、シルバー人材センターで聞いてください」のように、案内されることになります。高齢者の「何か活動したい」という思いを、細分化された組織に当てはめる必要があるからです。

第三に、実は役割分担は、公務員に大きな安心感を与えていることです。役割分担があるということは、自分のやることが非常に明確になります。このため、それに専念すれば良いわけで、ある意味では「それだけをやれば良い」ということになり、反対に、自分の担当業務以外への関心は、急激に低くなります。

まさに、「俺か、俺以外か。」状態です。このため、担当業務については非常に詳しくなります。担当業務に対応できなければ、責任問題になるからです。一方で、「これは自分の担当ではない」と業務の押し付け合いを行ったり、とにかく自分の仕事のことだけしか考えない、視野の狭い職員が出てきてしまったりするのも事実です。

ちなみに職員によっては、その道を究めるような人も出てきます。例えば、かなり専門知識が要求される職場に配置された職員が、専門家のように詳しくなることがあります。すると、主任や係長に昇任すると、またその職場に配属されて、役所内で重宝されるのです。そして、その専門知識を活かして、在職中に本を出版するような人もいます。

さらに、定年退職した後にも、執筆活動や研修講師などを行い、活躍するのです。こうした人は、仕事にやりがいを見つけ、それをライフワークとすることができるわけですから、ある意味では幸せな人生と言っても間違いではないでしょう。

6 庁内の職場外活動もたくさんある

当然のことですが、通常、職員は配属された職場で業務を行うのが一般的です。しかし、公務員には少なからず例外が存在します。

例えば、基礎自治体職員であれば、必ず選挙事務に従事します。皆さんもテレビなどで見たことがあると思うのですが、投票所や開票所での作業です。あそこに映し出される職員は、市区町村の職員がほとんどです。

選挙事務は、職員にとって欠かせない業務です。投票所で作業するメンバーは様々な職場から集められた職員であることが多いでしょう。つまり、通常の職場とは異なり、その時が初対面の職員と、一緒に業務を行うことになるのです。日頃は、全く接点のない保育士などがメンバーになっていることもあります（それほどまでに、選挙事務は人手が必要なのです）。

この選挙事務は、なかなか過酷です。それは、時間がとても長いからです。まず、設営に時間がかかります。選挙前日に、投票所の設営を行うことになるのですが、これにもいろいろと決まりがあるのです。例えば、小学校の体育館であれば、土足のまま入場できるように床にシートを張る、投票する人が誤解しそうな張り紙を隠す、体育館に設置された時計には「調整中」の紙を貼る、などです。

また、住民の動線を考えて、記載台・投票箱の設置、車いすの準備、風船等の記念品の用意などをしなければなりません。こうした準備だけで、数時間を要してしまいます。

そして、選挙当日。投票時間は朝7時から夜8時までですが、職員は6時頃には集合します。また、投票終了後は後片付けをして、体育館を元の通りに直さなくてはいけません。さらに、職員によっては、そのまま開票所で作業を行う人もいます。このため、24時間（あるいはそれ以上）勤務もあるのです。

また、選挙事務には役割分担があり、課長や係長は集計などの取りまとめをする一方で、若い職員は住民対応がメインとなります。役職が上がると、担当する事務も変わっていくことから、こうしたことで自分の職歴を感じてしまう人もいるでしょう。

こうした選挙事務に限らず、市民まつりやマラソン大会などのイベント、防災訓練の参加、国勢調査のお手伝いなど、職場以外の業務は結構あるのです。最近では、新型コロナウイルス感染症の影響で、保健所に駆り出された職員も多かったはずです。これもまた、公務員としては大事な業務なのです。

ちなみに、こうした業務を絶対に行わなくてはいけないかというと、必ずしもそうとは言えません。当然、断ることもできます。ただし断ってばかりいると、あまり良い顔をされなくなってしまい、周囲から浮いて人間関係が難しくなってしまいます。

なお、業務によっては、手当が支給されることがありますので、職員の中には良いお小遣いになると考えて、積極的に従事する人もいます。

こうした非日常の業務は、もちろん大変なことも多いのですが、実は意外な発見や喜びにつながることも少なくありません。例えば、先に述べた選挙事務などで知り合った職員と仲良くなり、日常の業務でいろいろ助けてもらったり、一緒に遊びに行ったりするようなことがあるからです。そうした意味では、職場以外で人間関係を構築できる機会とも言えます。

また、「役所って、こんなこともやっているのか」、「〇〇課は、このような業務を行っているのか」と再認識する機会にもなります。そうすると、今後の人事異動を考える際の参考にすることもできます。

さらに、役所の業務とは関係ない、プライベートな職員間の交流の場もあります。学校のクラブやサークル活動のようなものです。こうした活動の中には、きちんと福利厚生の一環として位置付けられているものもあり、その活動に助成金が支給されているものもあるのです。例えば、正式に認められた水泳部が、定期的に練習を行い、市民大会や官公庁大会などに出場するようなこともあるのです。

このような庁内の職場外活動が就職を決める決定的な要因にはならないと思うのですが、こうした活動があることを知っておくことは、公務員という職業を知る上ではムダではないでしょう。

また、こうしたところで構築した人間関係が、公務員生活のいろいろなところで役に立つということも少なくないのです。日頃の行き詰まった職場から解放してくれるのは、こうした職場外の人間関係であることも少なくないからです。

もちろん、民間企業でも同様のことはあるかと思いますが、公務員の選挙事務のように、ほぼ毎年、かつ選挙を経験する度に、業務に精通していくといったようなものは、少し稀のような気がします。

7 ローカルルールと地域間バランス

役所には、その役所ならではのルール、いわゆるローカルルールが数多く存在します。これは、ネットにも本にも書いていないのですが、それを理解していないと仕事にならない、もしくは周囲から奇異な目で見られるなどの事態を招いてしまうものです。このローカルルールを押さえておくことが公務員生活には不可欠です。

例えば、その自治体に導入されている勤怠管理システムなどが、わかりやすいかもしれません。ある自治体では、出勤した際、職員は職員証にもなっているICカードを機械にタッチします。退庁する時も同様に行いますので、これにより出勤時間や残業の管理が行われます。タッチを忘れたり、職員証自体を家に置いてきたりすれば、修正届・変更届など、別な手続きをすることになります。

こうした勤怠管理システムは、業者のパッケージ商品なのですが、その自治体特有にカスタマイズされていることが少なくありません。このため、独自のマニュアルが作成されるのですが、当然のことながら、その自治体でしか通用しない内容になっていますので、職員はこの内容を理解する必要があります。

こうしたシステムは、様々な分野に導入されています。福祉分野、税金分野など、業務別に導入されていますので、その部署に配属になれば、職員は最初から覚えなくてはいけません。そうしないと、仕事にならないのです。こうしたシステムのルールは、民間企業でもあることでしょう。

そして住民対応にもローカルルールはあり、自治会長や町会長などの住民対応をする職場では、個別の人間関係などについて、綿密な引き継ぎをすることもあります。

このようなローカルルールは民間でもままあるかもしれませんが、自治体のローカルルールは数多く存在する、ということは強調しておきます。

そして、自治体職員特有のルールとして、地域間のパワーバランスがあります。

ある自治体は、もともと別な市であったA市とB市が合併し、新たにC市として誕生したとします。この場合、様々な施策や事業を実施する際に、もともとのA市とB市のバランスを常に考えなくてはならない、というようなことが、暗黙のルールとして職員に浸透していたりします。仮に、C市で初めての子ども家庭支援センターが、旧A市内に設置されたとします。こうした場合、必ずと言って良いほど、2か所目が旧B市内に設置されることになります。それは均衡を図るためです。

合併後にC市職員として入庁した新人職員にとっては、なかなか理解しがたいかもしれませんが、合併以前からいる、もともとのA市とB市の職員の間に対抗意識があるため、一方の地区だけの整備では、不満が出てしまうのです。これが地域格差です。

また、人事にも影響します。例えば、C市の老人クラブ会長を決定する際、旧A市出身者と旧B市出身者で順番に行うことにするのです。これもパワーバランスに関わることで、決して明文化されませんが、役所では当然のルールとして認識されます。こうしたことは、合併した自治体だけの問題ではありません。各地域に地盤を持つ議員の存在もあるからです。それほどまでに、自治体職員にとって地域バランスは重要です。

8 公務員の役得はたくさんある

ここまで公務員の仕事のあり方を軽くお伝えしてきましたが、本書をお読みの皆さんが公務員を進路として考える理由は何でしょうか。ここまで紹介してきた、直接住民の役に立つことができるというやりがいに魅力を感じる方もいらっしゃると思いますが、公務員の待遇面に惹かれる方も少なくないのではないでしょうか。ある調査によると、学生が公務員を志望する理由は、「安定している」、「休日や福利厚生が充実している」、「社会的貢献度が高い」、「給与・待遇が良い」、「地域に密着した仕事ができる」などが上位を占めていましたが、これは間違っていないでしょう。

「安定している」にも関係することとして、社会的に信用されていることもメリットの1つだと思います。例えば、公務員を辞めた後に強く感じることなのですが、「お仕事は何ですか?」と尋ねられて、「個人事業主です」と答えるのと、「公務員です」と言うのとでは、相手の反応にやや違いがあるように感じます。

やはり、「公務員です」と言えば、少なくとも「変な人ではないのかな」と思われるように感じます(あくまで、主観的な感覚です。実際には、公務員にも変な人は多いのですが……)。

また、社会的に信用のある公務員であることで、トラブルを避けられることもあります。個人的な体験なのですが、ある時期にプログラミングスクールに入ろうと思い、かなり高額の授業料を振り込みました。

生徒1人に対して、個別の講師1人がつき、オンラインで懇切丁寧な指導をするというのが、そのスクールの売りでした。しかし、振り込みが終了しても、なかなか講師を紹介してもらえず、いたずらに時間が過ぎるだけでした。

結局1か月が過ぎても、講師が紹介されないことから、解約を申し出たのですが、言を左右にして、なかなか応じてくれません。そこで、業を煮やして、「こちらも公務員なので、この件をしかるべきところに相談します」とメールを送ったところ、すぐに返金してくれました。これを役得と呼んでいいかは疑問が残るところですが、公務員と言ったことで、相手に何かしらの影響を与えたのは間違いないでしょう。ただし、これは社会的信用でなく、社会的威圧なのかもしれませんが。

さらに、意外と知られていませんが研修制度が充実しているのも公務員の特徴です。これにはきちんと法律の裏付けがあり、地方公務員法第39条には、「職員には、その勤務能率の発揮及び増進のために、研修を受ける機会が与えられなければならない」と明記されているのです。国家公務員も同様です。

一般に、研修の内容は大きく3つに分類することができます。1点目は、職層研修と呼ばれるもので、簡単に言えば、職員の役職別研修です。対象を新人職員、係長、管理職などに分けるのです。職層とは、職員の階層・階級という意味です。

2点目は、実務研修と呼ばれるもので、戸籍や税などの担当業務、一般的なスキル（語学、パソコン、クレーム対応など）に関連するものです。3点目はその他で、講演会や通信教育への補助など、主に自己啓発に関するものです。

　実施方法も様々です。その自治体の職員が講師となることもあれば、民間企業などから講師を招くこともあります。また、職員を全国市町村国際文化研修所（全国の自治体職員を対象に研修を実施）や民間の研修会社などの専門機関に派遣して、そこで研修を受講させることもあります。さらに、海外派遣研修を実施している自治体もあります。

　公務員として30年以上働いてきた私自身も、非常に多くの研修を受けました。防災士の資格を取得したり、中国語を学んだりすることができました。また、様々な分野で活躍する著名人の講演会は、とても有益でした。通常であれば高額なチケットを購入しなければなりませんが、無料で聞くことができ、しかも勤務時間中なのですから。このように好きな研修を受講できるのは、公務員になって良かったことの1つと言えるかもしれません。

　また、福利厚生も恵まれています。以前のような公務員優遇のようなことはなく、民間企業とあまり変わらないと思いますが、具体的には、人間ドック利用への補助金、公務員住宅、病気・結婚などの際の見舞金やお祝い金、教育費などの貸付制度、職員食堂、職員サークルへの補助、職員相談室（カウンセリング）など、いろいろなものがあります。

　公務員生活が長くなると、こうした各種制度にお世話になることも少なくありません。

組織に入ることでつらいこともいろいろ出てきますが、こうした様々な制度があることは、やはり有難いです。

そして肝心の給与については、社会一般の情勢に適応するようになっており、実態として民間企業の状況などをもとに決定されます。このため、公務員給与がずば抜けて高かったり、低かったりすることはありません。もちろん、キャリア官僚となって事務次官まで上り詰めたりすれば別ですが、ここではあくまで一般的な公務員の給与の話です。

しかし、それでも地方によっては公務員の給与は高いと思われていることが少なくありません。その地方に住む人からすれば、やはり公務員は恵まれていると見られるのです。

なお最後に、あくまで個人的意見ですが、公務員としての役得は、職業として社会的貢献ができることだと思います。民間企業とは異なり、一団体の利益だけを考えるのではなく、広く社会のため、公益のために働くことができるのが公務員です。これは、やはり営利を追求する民間企業とは、決定的に異なります。

同じ公益のためとは言っても、NPO団体などであれば、団体存続のために金銭面のことを無視できませんが、公務員の場合は、そこまで気にする必要はありません（だからといって、税金を無駄遣いして良い、自治体の財政を考えなくて良い、ということでは、当然ありませんが……)。

しかし、まずは「住民の福祉向上のために、何をすべきか」を真っ先に考える場を与えられているということに、大きな意味があると思うのです。これこそが、公務員の大きな役得だと思うのですが、いかがでしょうか。

9 公務員になるとできなくなること

前項で述べたように、公務員には役得もいろいろとあります。一方で、公務員になったことで、できなくなることもあります。

例えば、副業やアルバイトです。現在では、多くの民間企業でも副業が認められるようになってきましたが、公務員の場合は、基本的にできません。法律で営利企業等への従事が制限されているからです。制限されている理由は、やはり本業である公務員としての業務に支障が出てしまうからです。

皆さんも容易に想像できると思うのですが、ある職員がアフターファイブに市内のある企業でアルバイトをしていたら、その企業に対して何かしらの便宜を図ることが予想されます。これでは、公正中立な行政サービスに影響が出てしまうでしょう。

時折、公務員が副業をして処分されたという報道がされます。例えば、次のようなものがあります。①女性職員がホストクラブにはまってしまい、その費用を捻出するために、風俗店で働いていた（停職処分）、②市職員が、週末や休日にスキー場で6年にわたりインストラクターとして報酬を得ていた（減給処分）、③育児休暇取得中の男性職員が、移住を計画している地方の企業で就労した（減給処分）、などです。

これらは確かに意図的に行っていたことですので、処分されても申し開きができません。しかし、実は無意識でこの規定に引っかかってしまうこともあるのです。

例えば、学生時代からバンド活動を行っていた職員が、週末に有料でライブを開催するような場合です。有料とは言っても、アマチュアバンドですから、それほど高額ではなく、単に会場の使用料程度をお客さんに負担してもらう程度の額です。学生時代から同じようなスタイルで実施していたとしても、公務員としてこれを行ってしまうと、チケット代収入が報酬と見られてしまうからです。

また、フリマアプリで不用品を売る程度であれば問題ありませんが、どこかから仕入れてきて本格的にせどりとして行う、継続的にハンドメイド作品を売り続けるなどすると、やはり処分は免れないでしょう。これらは、既に不用品処分ではなく、事業としての性格を持っているからです。

ちなみに、公務員の副業はすべてダメかというと、そうではありません。例えば、正式に許可を得れば、講演を行ったり、本を出版したりすることは可能です。職員によっては、その専門知識を活かし、他自治体で研修講師をしていることも、よくあるケースです。

さらに、兼業農家、僧侶、不動産賃貸経営なども認められることも、よく知られています。これらは、実家が農家、親からアパートを遺産として引き継いだ、などの事情があるからです。最近では、公務員の副業にも緩和の兆しがあります。障害者支援、部活動のコーチなどの地域の課題解決のためであれば、許可している事例もあります。

また、SNSへの投稿についても、学生時代のように自由に何でもできるというものではなく、一定の制限が出てきます。例えば、住民や関係団体に対する愚痴や不満を、何気なく匿名で投稿したとします。しかし、内容があまりに特徴的なものであったために、職員が特定されてしまうと、これも処分の対象になる可能性があります。

「匿名だからバレない、だから何を投稿しても大丈夫」と本人は考えているかもしれませんが、意外に個人が特定されてしまうケースは少なくありません。また、学生時代とは異なり、そうした投稿は住民、職員、関係団体など、多くの人が目にします。学生の投稿以上に、注目されやすくなるわけです。そのためにバレてしまい、公務員の信用失墜行為として処分されてしまうのです。

さらに、友人との付き合いにも気をつける必要があります。例えば、大学時代の同期が市内の企業に勤めていたとします。昔から仲が良く、気の置けない友人です。これまで何の隠し事もすることなく、胸襟を開いて語り合う間柄です。そんな二人が、お互い就職してから数か月が経ち、久しぶりに飲むことになったとします。

この時も、公務員は注意が必要です。友人の勤める企業が、役所の業務を請け負っているなどすると、利害関係者となってしまうことがあるからです。そうすると、昔は問題なかった「今日は、俺がおごるよ」という、優しい友人の気遣いもストレートに受け取ることができなくなります。利害関係者からの供応接待となってしまうからです。

二人にはそうした意識が全くなかったとしても、この二人の会話を近くで聞いていた住民が、「役所の人間が、業者に接待されていた。そして、公務員はお金を支払っていなかったようだ」などと、役所に通告してくることがあるのです。このため、いくら酒の席とは言え、昔のように大声で何でも話ができるわけではないのです。

ちなみに、このような酒の席での失敗例をもう1つ。「なあ、知っている？　芸能人の〇〇、実はうちの市に住んでいるんだぜ」――基礎自治体職員ではよくある、この芸能人の住所ネタも、当然ご法度です。勝手に人の秘密をばらすことも、当然処分の対象です。

10 役所はブラック企業か？

公務員でない人に「役所はブラック企業ですか？」と尋ねたら、「お役所は、9時5時の楽な仕事なんだから、ブラックなんてとんでもない！」と言われるかもしれません。しかし、公務員を30年以上経験した立場から言うと、必ずしもそうとは言い切れません。そこで、役所の勤務実態について、少し考察してみたいと思います。

まず、そもそも「ブラック企業とは何か」ということについて整理しておきましょう。一般に、明確な定義は存在しないようですが、ブラック企業の特徴としては、次のようなものが指摘されています。①長時間労働、②休暇を取得できない、③残業代が支給されない、④パワハラ・セクハラ・いじめ・嫌がらせなどがある、⑤強権的な命令が多い、⑥精神論が多い・やりがい搾取がある、です。これらについて検証してみたいと思います。

①長時間労働

地方公務員も長時間労働は確かにありますが、一年中という部署はないでしょう。人事異動前後の人事課、予算編成時期の財政課、選挙前の選挙管理委員会、住民税決定前の課税課のように、ある程度忙しくなる時期が決まっています。

ただし、突発的な事由により、急に残業ばかりになってしまう職場もあります。例えば、新型コロナウイルス感染症が流行りだした頃の保健所などは、その典型例です。しかし、こうした場合は、職員が増員されたり、応援体制が組まれたりします。

一方で、伝統的に残業をしている職場というのがあります。これは、職員数が不足しているというよりも、そのように仕事をするのが習慣になってしまっていて、帰りづらい職場になっていたりするのです。また、特定の職員に過重な負担がかかることがあります。それは、担当業務が「職員の不祥事に関する事務」のように、複数の職員で分担することが困難な内容であるような場合です。

②休暇を取得できない

今述べたような職場の場合、なかなか休暇を取得できないことがあります。時期によって取得しにくい、職場によって申請しづらいということはあるかもしれません。しかし、役所全体で考えると、休暇を取得できないということは、まずないでしょう。なぜなら、人事課では「有給休暇の取得率」を調査しますので、取得しなければ、かえって注意されてしまうようなことがあるからです。

③残業代が支給されない

これは、あります。そもそも残業代の予算は、年度当初に決められています。このため、「残業したら、その分の手当がすべて支給される」ということはありません。職員としては、上限が決められていますので、その中で上手くやりくりするしかないのです。

このことは、日中は働かずに、あえて残業して残業代をもらおうという不心得者を排除するという面も確かにあるのですが、予算が不足していてサービス残業をせざるを得ないという現実がなくならないということでもあります。しかし、残業代が全く支給されないという職場は、まずないでしょう（本当に、全く残業しない職場があれば別ですが……）。

④パワハラ・セクハラ・いじめ・嫌がらせなどがある

これは、残念ながらそうした実態はあります。もちろん、役所全体にそうした雰囲気があるということはなく、上司や同僚などの個人の問題であることがほとんどです。

実際に、自分が聞いた内容としては、ある女性の課長が自席の前に職員を長時間立たせ、その職員を罵倒していたということがあったそうです。役所と聞くと、職員同士が和気あいあいとしているようにイメージする方もいるかもしれませんが、権力を持っているだけに、職員によっては横暴になる人がいることも事実です。

ただ、そうした場合は、人事課や職員団体に相談窓口がありますので、そこで相談する方法があります。

⑤強権的な命令が多い

これも、前項同様、上司によるとしか言えません。ちなみに、管理職からすると、市長の命令はすべて「強権的な命令」かもしれませんが……。

⑥精神論が多い・やりがい搾取がある

これは、意外にあります。「住民のためだから」と言いつつ、無理難題を押し付けてくることがあるのです。例えば、かつて保育園の待機児童が大きな問題となりました。このため保育園の新設が市の重要課題となり、「住民のため、とにかく保育園を新設しなければ」という雰囲気になったのです。このため、長時間の残業を職員に強制したり、やや問題のある保育園運営事業者を参入させたりと、今考えると少し首をかしげるような事態もあったのです。ある意味では、職場全体が一種異様な雰囲気の中に飲み込まれていたのかもしれません。

以上のように見てくると、役所全体がブラック企業ということはありませんが、ブラックな一面があると言っても、間違いではないでしょう。これは多くの民間企業でも同様かもしれません。

万一そんな場面に遭遇してしまった時には、自分を追い詰めないように注意してください。

11 トップは政治家という特殊性

ここからは少し大局的な観点から、役所と民間企業の違いを俯瞰してみたいと思います。役所が民間企業と大きく異なる点の1つは、トップが政治家であることです。このことは、組織運営に大きな影響を与えます。まず、そもそもどういう人がトップ（首長）になるのかを知っておいた方が、理解しやすいと思いますので、この点について紹介しましょう。

ここでは、例としてトップを市長とします。

パターン①――「以前から政治家だった人が、市長になる」。例えば、市議会議員、県議会議員、国会議員が、地元の市長選挙に立候補して、トップになるものです。こうした人は、結構多いです。特に、市議会議員を経て、県議会議員になり、その後に市長選挙に立候補するのは、政治家にとって1つのコースでしょう。

このパターンの場合、その政治家が市役所のことをよく知っていることが多いので、職員としては仕事がやりやすいでしょう。また、県議会議員経験者の場合、県とのパイプもあるので、市役所の業務がしやすくなるという面もあります。

パターン②——「市役所職員が、市長になる」。このパターンも少なくありません。例えば、副市長が市長と対立関係になり、自ら立候補して当選するということもありますし、課長がそのまま市長になることもあります。また、市長と対立するのでなく、市長が自分の後継者としてその職員を指名する、「禅譲」のようなこともあります。

このパターンの場合、職員としてはかなり楽になります。もともと職員でしたので、事業のことなどをいちいち説明する必要はありません。また、役所内の人間関係もできていますから、仕事もスムーズに進められることが多いでしょう。ただし、市長になった職員の元上司などは、複雑な思いを抱えることになります。

パターン③——「キャリア官僚が地元に戻って、市長になる」。最近では、このパターンも結構多いようです。国家公務員のキャリア官僚は、事務次官のポストを巡って、激しい出世競争を繰り広げます。この戦いに敗れた人が選挙に立候補することもあります。また、そこまでいかない比較的若い年齢でも、選挙に出ることもあるようです。これは、最近では、国家公務員の天下りなどが厳しいこともあり、若いうちから第二の就職先として市長を考えるということもあるようです（ちなみに、市議会議員になるケースも結構あります）。

このパターンの場合も、職員としてはそれほど困ることはないでしょう。元キャリア官僚ですので、地方自治のことはある程度は知っていますし、地元とのパイプもあるからです。ただし、元キャリア官僚なだけに、市長が上から目線になってしまうことが多いとか……。

パターン④——「その他いろいろ」。これは、文字通りいろいろなケースがあります。例えば、芸能人、スポーツ選手、テレビキャスターなどの有名人が立候補し、その知名度を活かして市長になるものです。また、そこまでの知名度はなくても、市民活動の代表、大学教授、ビジネスパーソン、起業家などから市長に転身する場合です。

このパターンの場合、職員への影響は未知数です。例えば、政党の支援や前市長とのつながりがあれば、それほど大きな変化はないかもしれません。しかし、前市長と真っ向から対立するような立場の人が市長になると、役所の様々なシステム（意思決定過程や会議など）も変えようとすることもありますので、役所内はてんやわんやとなり、管理職は苦労することになります。

職員にとっては、前市長の路線を継承するのかしないのかは、非常に大事なポイントになります。一番わかりやすいのは、施設の建設でしょう。前市長が、ある施設の整備を掲げたものの、それに反対する人が立候補して当選すると、建設は中止となることがほとんどだからです。

そうすると、昨日までは、施設建設予定地周辺の住民に、建設への理解を求めていたにもかかわらず、今日からは「施設建設は中止となりました」と告げて回らなければいけないからです。もともと建設に反対していた住民であれば、「ざまあみろ。これが民意だ！」と思うかもしれませんが、公務員としては、自分の思いや考えは別にして、トップの判断に従わざるを得ないのです。これは、組織人としての宿命です。

ちなみに、このような真逆の路線変更は、民間企業では少し考えにくいかもしれません。なぜなら、企業の信用問題に関わってきてしまい、顧客の信用を失ってしまうかもしれないからです。

また、職員にとっては、トップが保守系か革新系か、もしくは国政における与党系か野党系かも大きな影響を与えます。それは、議会との関係があるからです。仮に、市長が革新系・野党系とした場合、一般的に保守系・与党系が過半数を占めることが多い議会とは対立することになります。市長を支えるのは、少数派である革新系・野党系議員です。このため、頻繁に市長と議会が対立することになり、市役所の管理職は議会が開催される度に、大変な苦労をすることになるのです。

このように、トップが政治家であることは、民間企業とは異なり、組織の運営に大きな影響を与えます。そして、そのことは職員や業務にも関係してくるわけです。

ちなみに——。市長は、幹部職員への対応は別として、一般の職員に対しては優しいことがほとんどです。その理由は、皆さんはおわかりになりますか？　その答えは、多くの職員が、その市に住む有権者だからです。これも企業とは異なる点でしょうか。

12 国・都道府県・市区町村の関係はいかに

役所という組織を考える際、国・都道府県・市区町村という枠組みを無視することはできません。これは、民間企業の親会社・子会社のような関係とは大きく異なる、官公庁における組織のルールです。

意外に思われるかもしれませんが、国と地方自治体は上下・主従の関係でなく、対等・協力の関係にあるというのが、一応の建前です。これは、地方分権の影響によるものです。

しかし、実際の公務員の中で、本当に対等・平等と考えている人は、ほとんどいないでしょう。例えば、市役所の職員であれば、やはり県職員を上に見ますし、業務上で、国家公務員と話すことは、かなり稀だからです。

県職員であれば、国を上に見て、市を下に見ています（これは、個人的な感想ではなく、実際にそのように述べている県職員から聞きましたので、間違いはありません）。そうすると、国家公務員が自治体職員をどのように見ているのかは、自然とわかるかと思います。もちろん、すべての公務員がそうした意識でいるということではないと思いますが、大多数はそうした意識だと考えておいて良いかと思います。

例えば、市職員の場合、様々な場面で県職員と接することがあります。自分が部長であった時、県内各市の部長が集まる会議に、県の課長が説明にきたことがありました（そもそも、市の部長級の会議に、県の課長が説明に来ることが、上下関係を物語っていると言えますが……）。その目的は、ある事業を各市にやってもらうことです。それは、もともと県が行っていた事業なのですが、各市で実施するように変更するという内容でした。

その時、県の課長が説明する際に、盛んに「事業を下ろします」と言っていたのです。これは、「権限を下ろす」の発想ですから、まさに上下関係があることが前提となっています。そのことにカチンときた、ある市の部長が「下ろしますとは、何事か。県と市は対等の関係だろ」と食って掛かったのです。県の課長は、ひたすら謝るしかありませんでした。

しかし、実際には、国・都道府県・市区町村は、ピラミッド組織として運営されており、そこで働くそれぞれの公務員の中にも、そうした意識を持っている人がいることは、予め知っておいた方が良いでしょう。

例えば、市区町村の場合、行っている業務について国や都道府県の監査などを受けることがあります。その業務が適正に実施されているのかを確認されるわけです。これは、国・地方自治体のそれぞれの役割分担ですので、対等・協力関係とは、別なことです。国や都道府県はあくまで法などに基づいて、市区町村の監査を行うわけです。

しかし、こうしたことが先の上下関係の意識を生むことにつながるわけです。実際に監査を受ける立場である市区町村の職員からすれば、やはり国や都道府県の職員からいろいろと指摘や注意をされることになります。このため、何となくそこにもやはり上下関係の意識が生まれてしまうことは、自然なことでしょう。

また、法の解釈や運用で何か問題が発生した場合、市区町村は、直接国の省庁に尋ねることはしません。まずは、都道府県の担当課に問い合わせることになっています。都道府県としては、管内の市区町村の事例を多く知っていますので、回答してくれることも少なくないからです。

どうしても、都道府県で解決できない場合は、都道府県が国に質問をすることになるのです。本当に、対等・協力の関係であれば、市区町村が直接国に質問しても良いような気もするのですが、そうすると、国も問合せが殺到してしまって困ってしまうでしょう。このため、都道府県を通じて聞くことがルール化されているわけです。

市区町村の職員は、日常的に住民に接する業務のため、臨機応変を求められる場面が少なくありません。しかし、都道府県職員の場合、住民と全く接しないことの方が多いでしょう。そのため、非常に杓子定規な人もいたりします。「かえって、国家公務員の方が、融通を利かせてくれるのでは」と思うようなこともあるのです。

このように、同じ地方自治体職員といっても、市区町村職員と都道府県職員はやはり別な性質を抱えているような気がします。このため、「私は地方公務員です」と自己紹介された時に、「あっ、この人は県の職員だな」と何となく雰囲気でわかるようになってくるのです（この感覚が役に立つことは、ほぼありませんが……）。

ただ、市区町村の職員にとっては、こうした都道府県職員や国家公務員と顔見知りになっておくことは、とても有益です。これは、担当業務で関係しているので、いろいろと教えてくれるからということもありますが、今後、人事異動で部署が変わっても、そこでまた関係することもあるからです。

また、仮に仕事上でなくても、会議で飲食を共にしたり、仲良くなって飲みに行ったりする機会があったりと、個人的な仲を深めていくと、いろいろと視野が広がっていきます。「なるほど、国はそのように考えているのか」や、「県としては、実際にはあまり乗り気でないけれど、県知事の意向でやらざるを得ないのか」などがわかってくるからです。こうしたことは、役所歴が長くなれば長くなるほど、貴重な財産になってくるのです。

13 アナログとデジタルのはざま

旧態依然としたイメージの強い役所ですが、それでもデジタル化は急速に進んでいます。職員の一日を追っただけでも、そのことがよくわかります。

まず、朝の出勤。既に述べたように、勤怠管理システムから、一日が始まります。職員証にもなっているICカードを、機械にタッチした時に発する「ピッ」という音が、職員が来る度に鳴り続けます。

「おはようございます」と席に座り、早速自分のパソコンを起動します。パソコンは1人に1台与えられていて、これがないと仕事になりません。時々発生するシステムトラブルで全庁的にパソコンがフリーズしてしまうと、多くの職員は何をして良いかわからず、途方に暮れてしまうのです。

今朝は、問題なくパソコンは立ち上がりました。まず、全庁的に導入されているシステムのポータルサイトにアクセスします。そこには、メール機能、掲示板、回覧板、電子決裁、スケジュール、条例などの参考資料など、数多くの機能があります。

最初に、メールをチェック。担当業務に関する問合せ、会議への出席依頼、スケジュール調整の連絡など、様々なものが溜まっています。これを放置すると、後で催促の電話が来たりして面倒ですので、返信できるものは、朝一番でやっておいた方が楽です。

掲示板には、健康診断のお知らせや、不用品の再利用先の募集、新型コロナウイルス感染防止への注意など、全庁的に周知する必要のあるものを各部署が掲載しています。時々、「○○課の台車が行方不明です。見かけた方は、ご連絡を！」などとあり、朝から些細な笑いを提供してくれることもあります。「あの大きな台車が、どうしたら行方不明になるのだろう？」などと想像しながら、画面を遷移します。

回覧板は、自分の課内などの特定の職員の中で周知されるものです。「今週末の土曜日に、課内の清掃があります。業者が執務室に入るので、個人情報などの放置をしないよう、金曜日の退庁時に注意してください」というようなお知らせなどがあります。

次に、いよいよ電子決裁システムです。一般職員が文書を起案したり、課長が決裁したりする時に用いるものです。その対象は、会議開催、支出、休暇申請など、多岐にわたります。係長以上の役職者が休むと、すぐに決裁すべき案件が溜まってしまいます。このため、代決者を予め登録しておき、その職員が代わりに決裁するのです。

しかし、うっかり者の課長が、そうした設定をしなかったために、いつまで経っても決裁ができず、ちょっとした混乱を職場にもたらすこともあります。そんな時、何も知らずに出勤してきた、休暇明けの課長が、職員から「課長、大変だったんですよ〜」といじられるというのも、たまに見られる微笑ましい光景です。

以上で、朝のルーティンは終わりです。いよいよ本格的な仕事をするため、次は職場に設置してある「福祉総合システム」の端末に移動します。今日の午前中は、受け付けた児童扶養手当の書類の入力作業をしなければならないのです……。

このように、職員はデジタル環境の中に身を置いています。もはや、こうしたシステムと無縁で仕事をすることはできません。新人職員は、こうした作業をまず覚えることが仕事になるはずです。

しかし、やはり役所はアナログの要素が強く残っています。伝統的な「紙文化」が色濃く残っていると言っても間違いではないでしょう。

その理由の1つは、住民サービスにあります。例えば、現在様々な手続きが電子申請でできるようになりましたが、やはりそれができない住民もいるからです。このため、電子申請に一本化して、窓口申請を止めることなどできないのです。

また、住民から提出された膨大な手書きの申請書を、いちいちスキャナーで読み込んで電子化するのは手間です。そのため、そのまま手書きで起案文書にして、紙で決裁した方が早いということもあるのです。

さらに、首長を始めとした、高齢の上司の影響もあります。こうした人達は、電子決裁よりも、部下が自分の所に来て説明してくれた方が楽です。その上で決裁する方が、内容もよく理解できるために良いということもあるのです。

ちなみに、急速にデジタル化が進んだのは、そんなに昔のことではなく、最近のことです。このため、それ以前の文書は紙のまま、役所の倉庫に眠っているわけです。こうした文書は、重要度別に「永久保存」、「5年保存」などに分類されます。期限が来れば、廃棄される文書も数多くあります。

職員が必ず経験するものの1つに、過去の文書を倉庫から探すことがあります。先輩などから、「今問題になっている事例に似ていることが、昭和〇〇年にあった。この時の関連文書が、倉庫にあるはずだから探してきて」などと頼まれるのです。

そうすると、倉庫の中にこもり、山のように高く積まれた、様々な段ボールを開けて資料を探すことになるのです。過去の文書はデジタル化されて保存されているわけではないので、こうした事態がどうしても発生してしまうのです。

これはこれで、一種のお宝探し、古文書発見ツアーのようなもので楽しいものがあります。そして、いろいろな文書を見ては、「へ〜、こんなことがあったんだ」と意外な役所の一面を知ったりするのです。

このように、役所はアナログとデジタルのはざまで揺れ動いています。

14 官尊民卑か、民尊官卑か

官尊民卑とは、役人や役所に関係することが尊く、民間人や民間の行う事業などを卑しむことを指す言葉です。民尊官卑は、その反対です。このような官と民のパワーバランスを常に考える仕事は公務員ならではでしょう。

さすがに、時代劇のように「お役人様〜」と、住民の方が職員を呼ぶことはありません。しかし、高齢者の中には、未だに「役人や役所は、偉いものだ」という意識をお持ちの方がいるのも事実です。非常にかしこまって、職員に接してくれるのです。

かつては、そのような住民の意識の上にあぐらをかいて、横柄な態度を取る職員がいたことも事実です。しかし、現在となっては、そうした対応をしたら、すぐに苦情のメールや電話が寄せられて、職員は厳しく注意されることになります。このため、露骨な「上から目線」の職員は少ないはずです（「全くいない」とは言えないのが、残念なのですが……）。

この官尊民卑のような雰囲気は、公務員として嫌でも意識することになります。新たに公務員になった人であれば、日頃の住民や事業者との対応の中で、それを感じるかもしれません。

また、公務員自身も、民間を意識せざるを得なくなります。例えば、公務員になり、民間企業にいる友人などと話すと、給与を始めとした待遇の差を感じることがあるでしょう。既に述べたように、公務員の給与は、民間の状況を反映して決められます。このため、景気の良し悪しが公務員にも影響するわけです。「不景気のため、民間企業のボーナスが軒並みダウン」という報道の中、公務員の給与だけを上げることは、当然できません。

個人的な経験ですが、やはり大学時代の友人に会った際には、民間との違いを強く意識させられます。特に自分が就職した時は、バブル真っ最中だったので、「わざわざ給与の低い公務員になるなんて」と、哀れみの目で見られていたのでなおさらです。こちらは、小さくなっているしかありませんでした。

当時、確かに友人の羽振りは良かったのですが、その後のバブル崩壊で立場は一変することになります。民間企業の友人たちの「この世の春」が終わると、「公務員は、給与が安定していて良いよな」と、態度が大きく変わったからです。公務員の給与は、急激に上昇することもありませんが、同様に急激に減少することはないので、影響が少ないのです。「民間企業の浮き沈みは、ここまで激しいのか」と強く感じた瞬間でもありました。

このように、民間企業の友人からは、公務員を下に見られたり、上に見られていたりすることがあり、「なるほど、民間の人は、このように公務員を見るのか」と意識させられました。

また、公務員を長く続けていると、様々な場面で民間の方との意識の違いに気付かされます。例えば、公務員バッシングです。これまでの官尊民卑の反動なのか、世間の公務員バッシングには根強いものがあります。「クビになる心配がない、お気楽な仕事」、「公務員は優遇されている」、「税金ドロボー」などと批判され、「公務員は、批判されても当然だ」という風潮があるのです。元公務員としては、こうした批判に納得せざるを得ない部分もあり、一概には否定できないところもあります。

反対に、公務員自身が、民間の人に対して卑屈になってしまう民尊官卑の態度を取る人もいます。「公務員の仕事は、非効率だ」、「お役所仕事で、融通が利かない」などをそのまま飲み込んでしまうのです。このため、役所の事業を民間委託する時、請け負う事業者に対して妙に下手に出てしまうのです。

「公務員なんで、現在のトレンドがよくわからないんですよ」などと、できないことをアピールしてしまい、逆に事業者に足元を見られて、不利な契約をしてしまったりすることがあるのです。

さらに、役所の仕事自体が誤解されてしまうことがあります。全体の利益を目的としている役所としては、条例などで住民や事業者などを拘束することがあります。税金などはその最たる例ですが、それ以外にも、ごみの分別方法、建物の緑化、入学する公立学校の指定などです。これらは統一のルールですので、どうしても従ってもらうしかありません。これは「官尊民卑だ」ということでなく、それが役所の仕事だから仕方ないのです。

結局のところ、「官尊民卑か、民尊官卑か」については、そもそもこうした視点自体が正しいようには思えません。官民どちらも、社会の中でそれぞれの役割を果たしているに過ぎないと思うのです。そして、それぞれの立場の人が、「隣の芝生は青く見える」こともあり、反対側の相手にそれぞれの思いを抱えているのです。ただし、公務員は世の大半を占める民間とは往々にして視点が異なるのも事実ではあります。

公務員としては、どのようなバッシングがあったとしても、住民福祉の向上のために頑張るしかない、と言ったら、少し格好つけすぎでしょうか。

第2章

公務員に必要なスキル

1 資料で勝負する！

公務員には、「文書主義」という考え方があります。文書主義とは、簡単に言うならば、「事案の処理は、すべて文書によって行う」、「とにかく文書を用いて仕事をする」ということです。なぜなら、文書にすること、つまり言語化し明文化することにより、①意思決定過程が明確になる、②後から事業実績などを検証できる、③責任の所在が明確化される、④対外的な意思表示が明確化される、などのメリットがあるからです。

「行政事務は文書に始まり文書に終わる」とも言われるほどです。このため、役所は民間企業以上に文書、表現、言葉に敏感になることは、容易に想像できるかと思います。

その代表例が、「お役所言葉」です。これは、日本の行政で用いられる公文書、法律、条例などに特有の表現スタイルで書かれた文章を、批判的な意味で捉えたものです。

例えば、税金を払いすぎてしまった分を、後で住民に返還することがあります。これを、住民に対して普通に「返還します」と言えば良いものの、条例などの正式な法令に書かれているため、公務員は「還付します」と表現してしまうのです。

また、新たに作られた公園のオープンについても、「公園のオープンは8月1日です」と言えば良いのですが、「供用開始日」と言ったりします。

さらに、住民からの「保育園の申し込み開始日を早めてほしい」などの要望に対して、「できる」とも「できない」とも明言せず、「善処します」などとぼやかしてしまうのも、お役所言葉の例とも言えます。こうした曖昧さ、わかりにくさが特徴なのです。

このような「文書主義」の世界で生きる公務員にとっては、民間企業とは異なる仕事のスタイルが求められるのです。その1つが、「資料で勝負する」ということです。

これは、会議、上司への説明、協議など、様々な場面で使用する資料の完成度の高さが、職員に求められることを示しています。要するに、「上手な資料を作ることができる＝仕事ができる」と見られるのです。これは民間企業とは、大きく異なる点でしょう。

完成度の高い資料を作成できれば、関係者を納得させることができ、その後の仕事も円滑に進めることができます。反対に、わかりにくい資料であれば、多くの人を混乱に陥れ、その後の仕事も進まなくなってしまいます。それほどまでに、公務員にとって資料作成能力は重要なのです。

では、具体的に、作成する資料にどのようなことが求められるのでしょうか。

まずは、正確さです。事実誤認がないなど、内容の正確さはもちろんですが、資料で使う用語は、法令に基づく用語であるなど、必ず根拠が必要となります。先の住民から税金を余分に取ってしまった例についても、うっかり「返還」などと記載してあれば、すぐに「還付の誤りだろ！」と突っ込まれてしまいます。

公務員が「重箱の隅を楊枝でほじくる」ような人ばかりに見えるのは、こうした正確さを非常に重視するからです。法令に基づかない用語、どのようにも解釈できる曖昧な表現などは、後で混乱を招くだけです。このため、公務員は「正しいことが正義、間違いは悪」というくらい、正確さには敏感なのです。

しかし、正確さが重要だからと言って、ダラダラと長文で説明したり、一文に多くの内容を盛り込んだりする人は、やはり資料作成能力がないと見られてしまいます。

このことは、資料を実際に読む、住民や上司の立場になればおわかりだと思うのですが、いくら正確さが重要とは言え、長々とした説明ではすぐに理解できません。このため、「まず結論、次に経過の説明」、「二重否定などは使わず、端的な表現」、「できるだけ箇条書きで表記」などが求められるのです。同じ内容を伝えるのであっても、「文字数が少なく、簡潔な方が美しい」とされます。だからと言って、不正確は論外です。

また、資料の枚数も、少ない方が良いとされます。基本的には1枚です。1枚の資料の中に、コンパクトに内容をまとめてあることが必要なのです。資料の枚数が多いことも、伝えたいことを上手く整理できていないと見られてしまうのです。

さらに、資料には見た目、ビジュアル面も重要です。例えば、同じ文字の種類（フォント）だけで文字が書かれていると、メリハリがなく、読みにくいものになってしまいます。このため、タイトルはゴシック体、本文は明朝体にするなど、一目でわかるようにするわけです。

このような完成度の高い資料は、仕事をスムーズに進めてくれます。わざわざ資料を口頭で説明しなくても、読んだだけで理解できるからです。これは、読み手である上司などからすれば、時間の節約につながります。

何らかの意思決定をする際にも、関係者が一読して納得するのであれば、わざわざ会議を開く必要もなくなります。公務員にとっては、完成度の高い資料を作成できることが、仕事ができることに直結するわけです。

以上のようなことから、「文章を読むのも、書くのも苦手」という人は、公務員という職業は厳しいでしょう。あらゆることで文書が必要ですので、そうした人にはつらい毎日になってしまうからです。部署によっては、一日中、資料作成や文書起案をしているところもありますので、文字嫌いの人にとっては地獄に感じるでしょう。

ちなみに、民間企業でも、プレゼンなどが行われるため、資料作成能力は必要なスキルになっています。しかし、公務員の場合は、そもそも文書主義の原則があり、かつ法令根拠などの正確さを重視するために、独特の世界と言っても良いかもしれません。

2 法令を読む力

前項で触れた「お役所言葉」にも関連するのですが、公務員にとって法令は、ある意味では商売道具です。基本的に、公務員は憲法を始めとした法令に基づいて業務を行っていますので、これはご理解いただけるかと思います。

この法令の対象はとても幅広いです。そもそも法令とは法律と命令を指します。命令は行政機関の定める行政立法を意味し、具体的には、政令、省令、規則などがあります。そして、法令は国が定めるものと、自治体が定めるものの大きく2つに区分することができます。

国が制定するものとしては、法律（国会の議決を経て制定される国法）、政令（内閣が制定するもので、憲法・法律を実施するために制定されるルール）、省令（各省大臣が担当する行政事務について、法律・命令を施行するため、または法律・政令の委任に基づいて定めるルール）、規則（府省の外局である庁の長、同じく府省の外局である行政委員会、人事院、会計検査院が定める命令）の区分があります。

また、自治体が定めるものとしては、条例（自治体の議会の議決によって制定されるルール）、規則（首長などが定める命令）を指します。

このように、数多くの法令に基づいて業務を行う公務員ですので、どうしても法令を読み解くスキルが必要となります。そして、公務員としては、どうしても知っておくべきもの、もしくは嫌でも身についてしまう法令に関する用語があるのです。それらをいくつかご紹介したいと思います。

第一に、「等」です。これは、文字通り「など」ですが、公務員にとっては、言葉の意味を膨らましてくれる大事なワードです。

例えば、「麻薬及び向精神薬取締法」の第1条は、次のような文言です。「この法律は、麻薬及び向精神薬の輸入、輸出、製造、製剤、譲渡し等について必要な取締りを行うとともに、麻薬中毒者について必要な医療を行う等の措置を講ずること等により、麻薬及び向精神薬の濫用による保健衛生上の危害を防止し、もつて公共の福祉の増進を図ることを目的とする」。この中に「等」は3回使用されています。最初の「輸入、輸出、製造、製剤、譲渡し等」とありますので、明記された5つ以外のものも含まれていることがわかります。

この「等」に、公務員は非常に敏感です。「等」があるとないとでは、大きな違いがあるからです。このため、上司との会話などで「この『等』に含まれるものは、具体的に何だ?」と聞かれることはよくあります。

また、住民に周知する文書などでも、あえてこの「等」を入れておくこともあるのです。そして、「〇〇が含まれるとは書いていないじゃないか」とのクレームがあれば、「それはこの『等』に含まれているのです」と説明(言い訳?)するのです。

第二に、「当分の間」です。例えば、学校教育法附則6条には、「私立の幼稚園は、(中略)、当分の間、学校法人によつて設置されることを要しない」とあり、私立幼稚園が、学校法人以外の宗教法人や社会福祉法人でも、設置できることが明記されています。これを純粋に読めば、「当分の間」ですから、暫定的な措置のように読めますが、実際には70年以上、このままの状態なのです(『条文の読み方　第2版』有斐閣)。

ちなみに、この「当分の間」は、法令を成立させるための妥協の産物であることもあります。例えば、議会の与党会派と野党会派との間で意見がまとまらず、「当分の間、○○は△△とする」という条文にすることでまとまることがあります。あくまで暫定的な措置として位置付けることで、両者が納得するのです。

第三に、いわゆる「できる規定」です。自治体には、様々な行政計画があります。地域福祉計画、環境基本計画、など、行政の様々な分野で自治体は計画を策定しています。

こうした計画は、法律などに基づき「定めなければいけない」ものがある一方で、法律などに「定めることができる」のように明記されているものもあるのです。これが、いわゆる「できる規定」で、そのまま解釈すれば、「定めなくてもよい」と読めます。

しかし、実態はそうではありません。法律上は、「できる規定」なのですが、実際には国は自治体が計画を策定することを望んでおり、ある時期になると、「○○計画　策定自治体一覧」のように、わざと未策定の自治体が目立つような公表をするのです。

未策定では、首長は住民から「なぜ、うちの市は○○計画を策定しないのか」と批判を受けてしまうので、結局は策定せざるを得なくなるのです。こうした背景があるため、公務員としては、この「できる規定」にとても敏感になります。

ちなみに、これと似たものとして「努力規定」というのもあります。これは、法令に計画を「定めるよう努めなければならない」とされているものです。先の「できる規定」よりも拘束力は高まりますので、実質的にはほぼ強制と変わりません。

このように、公務員は法令について敏感になってしまう宿命を持っているのです。このため、これまで述べてきた「等」や「当分の間」などについて、「そんなことで悩むなんてくだらない」と思ってしまう人は、やはり公務員としてやっていくのは難しいかもしれません。その意味では、緻密な人の方が公務員向きです。

ちなみに、民間企業の場合、部署によっては法令に関わることもあると思いますが、公務員のように商売道具として、在職期間のすべてで関わりを持つことは稀でしょう。

3 前例踏襲よりも再現力

前例踏襲とは、文字通り、前の例にならって、そのまま受け継ぐことを指します。また、前例を踏襲することを最優先として、踏襲しない事例はすべて排除するような手法や主義を意味することもあります。これらは、役所を批判する時によく用いられる言葉です。例えば、「前例がないからできないと、役所に断られた」、「役所の仕事は、時代の変化を考えず、十年一日の仕事だ」などです。

しかし、役所にとっては、前例踏襲は重要な役割を持ちます。それは、前例があるということは、役所として実施した実績があるということであり、それは同時に実施に向けて検討したということを意味しているからです。

これは、民間企業とは大きく異なる点だと思います。民間企業であれば「やってみなはれ」の精神で、様々なことにチャレンジします。新商品を作ってみる、未知の分野で事業を行ってみるなど、成長が必須の民間企業にとって挑戦は必須のことでしょう。仮に、事業が失敗したとしても、撤退することができます。

一方で、役所は正確さ・確実さが重要です。このため、安易に「やってみました。でも、失敗しました」とは簡単に言えないわけです。軽々に実施したことで、住民に不利益を与えたり、税金の無駄遣いをしてしまったりしては、住民からの信頼を損ねることになります。それは、正確さ・確実さを重視する行政にとっては、許されないのです。

このため、前例があるかないかは、大きな意味を持つわけです。何か初めてのことを実施する際には、様々な検討を行うわけです。法令に違反していないか、住民間で不公平が生じないか、他のサービスとの均衡は取れているか、他の自治体での実績はあるか、など、様々な視点から検証するわけです。これらを踏まえて、ようやく実施に至るわけです。このように、様々な論点を検証した結果、実施に踏み切ったということは大きな意味を持つわけです。

ところで、自治体には「行政実例集」という冊子があります。これは、自治体で法の解釈や運用、または事業の実施にあたって疑義が生じた場合に、国などに意見照会を行うことがあるのですが、その質疑応答がまとめられているものです。

ある自治体で疑問に思うということは、他の多くの自治体でも困っているということになりますので、この「行政実例集」はとても重要なのです。この実例は、まさに前例となります。このため、「〇〇市で実施した」という前例があれば、他の自治体でも安心して舵を切ることができるのです。

こうしたことがある一方、前例踏襲は「とにかく、以前と同じようにやっておけば、いいんでしょ」という姿勢が職員の中に根付いてしまったり、「前例がないから、できません」と住民からの要望を断る理由にしてしまったりすることも事実です。

これは、公務員に限ったことではないと思うのですが、あえて危険を冒して危ない橋を渡るよりも、楽な道を選択してしまうのは人間としての性でしょう。また、実際に公務員の仕事には、ルーティンなものも少なくありません。

例えば、意思決定のための文書を起案することがあります。この時、昨年と同様のことを実施するのであれば、内容をコピペして、ただ日付を変更するだけで済んでしまいます。また、マラソン大会のようなイベントの実施結果を、上司に報告する場合にも、今年の参加者数・完走者数などの数値を上書き保存すれば、そのまま資料が出来上がってしまうのです。職員としては、何も考えなくて良い仕事ですが、「思考停止している!」と批判されてもやむを得ないでしょう。

しかし、最近では、前例踏襲よりも再現力が重要になっています。これは、過去にあったことをそのまま行う前例踏襲とは少し異なります。これは完全に同じことをそのまま踏襲するのでなく、同種の事案が発生した時にも対応できる応用力が必要です。

例えば、先のマラソン大会の実施結果の報告を、スポーツ課の職員が行っていたとします。この職員が地域振興課に異動し、市民まつりの担当となりました。そして、毎年、市民まつりの実施結果を上司に報告します。

こうした場合、マラソン大会と市民まつりの内容は異なりますが、どちらもイベントの結果報告であることには変わりありません。仮にこれまで市民まつりの結果報告をすることがなく、異動した職員が初めて行うことになったとします。そのような場合、「これまで市民まつりの結果報告をしたことがないから、どうしたら良いかわからない」と前例踏襲できないとあきらめるのでなく、「マラソン大会の報告を参考に資料を作ろう」と考えるのです。

このように、同種の事案に対応できるのが再現力です。これは、簡単に言えば、個別具体的な事例を、できるだけ一般化・抽象化して、他に応用できることです。この再現力を意識して仕事ができれば、前例踏襲に頼ることなく、様々な業務に対応していけます。

これは、公務員に限らず、民間企業であっても重要なスキルと言えるでしょう。しかし、ある意味では、公務員体質として染みついた、前例踏襲の仕事スタイルから脱却して仕事をすることができるのかが、公務員にとってはとても重要な意味を持つのです。

ちなみに、再現力があることは、公務員以外の分野で活躍できる条件のような気がします。公務員から民間企業へ転職した、私の知る少数の人は、皆共通に「他にも応用できる」再現力を持っていたからです。おそらく、そうした点が評価されたはずです。

4 公務員の持つ4つの視点

民間企業のビジネスパーソンとは異なり、公務員はさまざまなバランスに気を配って4つの視点で事業やサービスなどを考えることが求められます。

第一に、住民視点です。これは、行政サービスの受け手であり、自治体にとってはお客様でもありますので、当然のことです。しかし、一般に商品やサービスを販売する民間企業と決定的に異なる点は、様々な住民の視点で考えなくてはいけないことです。

例えば、社会的な課題として男性の育休の取得率向上があります。ある自治体で、より良い地域づくり、社会づくりのため、育休を取得した男性に対して奨励金を渡す制度を考えたとします。この時、当該自治体では、このような議論がされるでしょう。

「男性だけに支給するなんて、男女差別ではないか」、「取得した男性ではなく、育休の取得を推奨した企業に対して支給すべきではないか」、「いや、そもそも育休取得推奨よりも、福祉の予算を拡充すべきだ」などです。

これまで述べてきたように、公正公平を重視する役所では、先のように様々な住民（場合によっては事業者も含みます）を想定して、事業やサービスを考えなければなりません。

全方位外交ではないのですが、どうしてもこうした視点になってしまうのです。民間企業がペルソナを設定して、顧客を絞り込んでサービスを考えるのとは、対照的です。

第二に、議員視点です。ご存じかと思いますが、地方自治は、二元代表制という制度のもとで運営されています。つまり、住民による直接選挙で首長と議員を選び、両者が競い合いながら、相互にチェックを行うことで、より良いまちづくりが実現できることを目的としているのです。

議会は、首長が暴走しないようにチェックを行うことが役割です。民間企業で言えば、社外取締役のような感じでしょうか。この議員には、それぞれ地盤があり、それぞれの地域の利益を代表しています。例えば、X市内のA町を地盤とする議員、B町を地盤とする議員などです。もちろん、A町を地盤とする議員が複数いることもあります。反対に、X市全域を地盤とする議員というのは、基本的に存在しません。なぜなら、議員に当選するためには全域の票は必要ではありませんし、全域を地盤とできるならば首長に立候補するからです。

話を戻すと、この議員視点とは、議員の地盤、各地域に不均衡がないかという視点です。例えば、A町ばかりに新しい公共施設を整備して、B町には全く新設されないとすると、

2つの地域に格差が生じてしまいます。これは、やはり問題です。このため、公務員としては、そうした地域格差が生じていないかを、常に意識することになるのです。

第三に、首長視点です。これは、文字通り、首長の目線で考えるということです。これには、大きく2つの意味があります。

1つは、全庁的視点、つまり役所全体で考えて問題がないかということです。例えば、高齢者対策ばかりに手厚いサービスがあり、子育て支援についてはサービスが少ないような、分野別の不均衡は問題です。役所としては全体的にバランスよく公平に事業を行っていくことが重要で、1つの分野だけに特化するのは、良くないわけです。もちろん、かつての待機児童対策のように、ある時期に特定の事業に集中することもありますが、基本的にはバランスが求められます。

もう1つは、組織のトップであり、いわば上司たる首長の政治姿勢に合っているかということです。皆さんもご承知かと思いますが、首長選挙の立候補者は当然のことながら、公約を掲げて選挙に臨むわけです。このため、当選すれば、その公約実現に向けて行動するのは当たり前で、そうしなければ、次回選挙で落選してしまうでしょう。このため、首長の政治姿勢に反することはもちろんのこと、首長が何に重点を置いているのかを考えることが、職員には必要になるわけです。そうしたことを考えずに、とんちんかんな予算要求などしたら、上司から怒られてしまうでしょう。

第四に、職員視点です。住民、議員、首長の三者が良ければ、一見すれば良いように思えるかもしれません。しかし、実際に実務を担当する職員視点というのも実は重要なのです。

例えば、「高齢者の実態を把握するため、市内に住む高齢者全員に対してヒアリングを実施すべきだ」というような意見があったとします。この際、先の三者は「それは良いことだ」と言うかもしれませんが、実際にヒアリングを実施する職員の負担は、非常に大きいものがあります。他の業務に影響を与えてしまうかもしれません。そうした時は、いくら首長の意見があるとは言え、「困難です」とはっきり告げることも必要なのです（もしくは、全数調査でなく一部を抽出する標本調査への変更などを訴えます）。

また、単に職員の負担だけの問題ではありません。同様に、先の三者から新たな公共施設の整備の意見があったとします。住民はもちろんのこと、議員も首長も選挙対策としてはとても有効ですので、乗り気になります。しかし、こうした時であっても、公務員である職員としては、後年度の財政負担や利用者数の見込みなどを算出し、デメリットの方が大きいのであれば、「それはできません」と首長を諌めることも必要なのです。サービスの受け手である住民でもなく、政治家である議員や首長でもなく、あくまで公務員としての視点になって、冷静に判断することが必要なのです。

以上のように、公務員は4つの視点で考えることが求められます。これは、民間企業とは大きく違う点です。また、このことは、公務員にバランス感覚が求められていることを示しているとも言えます。

5 とても大事な電話応対術

新社会人となると、必ずマナーや接遇に関する研修が行われます。これは、民間企業でも公務員でも同様ですが、電話応対については、だいたい次のようなことを教えられます。

①3コール以内に電話を取る
②自分の所属と名前を言う
③用件を確認する

④自分の担当業務であれば回答するが、担当外であれば当該担当者へ転送する
⑤即答できなかったり、担当者不在だったりする場合は、こちらから折り返し電話をするか、再度電話をしてもらうように伝える
⑥周囲の人に尋ねるなど、相手との会話を中断する場合には保留ボタンを使う（周囲との会話が聞こえないようにする）
⑦電話を切る

概ね、以上のような内容です。しかし、民間企業と公務員とで異なる点がいくつかあります。

まず、電話に出た際に「お電話ありがとうございます」とは言いません。これは、やはりサービスを購入してくれる顧客とは異なるからです。ただし、民間企業からの転職組は、ついこのセリフを口走ってしまうことが多いのですが……。

また、議員とマスコミからの電話は、基本的に課長へつなぎます。これは、どちらも管理職が対応する相手とされているからです。ある事業について議員やマスコミから質問があり、仮にその担当者である一般職員が電話に出ても、課長に電話を回します。なぜなら

ば、今後の事業の方向性など、認識や展望については政策決定に関する内容なので、それを答えるのは管理職の役割だからです。

いくら担当者だからと言って、「その事業については、来年は縮小する方向です」などと答えてしまい、それが翌日の新聞にでも掲載されたら、大きな問題になってしまうでしょう。

もちろん、ホームページに掲載されているような事実の確認であったり、手続方法などの軽微な内容であったりすれば、一般職員が答えることもありますが、基本的には管理職対応です。

さらに、役所の電話応対でよく発生する問題があります。それは、代表番号にかけられた電話が、転送されてくる場合です。これは民間企業でも同様だと思うのですが、電話番号は役所や企業の代表番号と、部署別の番号があります。代表番号にかけられた電話は、電話交換手により担当部署へ転送されます。

ただし、この転送がなかなか厄介なのです。まず、住民は役所の部署別の電話番号を把握していることは稀で、多くの方が代表番号に電話をします。電話交換手の方もそのことをわかっているので、役所の業務を概ね理解しており、担当部署へ転送します。

しかし、住民の用件は多種多様で複雑な場合も少なくありません。例えば、「今生活がとても苦しくて、税金が払えなくて……」と言えば、税金の支払猶予に関することと判断してしまい、納税担当に転送してしまいがちです。しかし、よく聞いてみると、税金よりも生活全般に関する相談だったりすることもあるのです。

こうしたことから、「電話交換手は、何でもこちらに電話を転送してきて困る」と不満を述べる職員がいるのですが、電話交換手にそうした苦情を言うのは酷でしょう。職員の方で十分に用件を聞き取り、本来の部署へつなぐことが必要です。

なお、このような要領を得ない電話への対応は、役所にとって重要です。実は、そこに人の生死に関わるようなことがあったりするからです。例えば、生活保護を担当している福祉事務所には、様々な電話が入ります。

あまり良くないことですが、生活保護受給者の方で昼間からお酒を飲み、担当のケースワーカーに絡んでくるような電話もあります。また、「隣の部屋の○○さんは、生活保護を受けているようだけど、実は隠れて働いています」といった密告などもあります。

そんな中で、電話の主旨がよくわからないことも少なくないのです。自分が困っているのか、単なる愚痴なのか、それとも話し相手がほしくて役所に電話してきているのか、判断に迷うようなこともあるわけです。そんな中で、何となく自殺を口走ったり、虐待を匂わせたりするようなものもあるのです。

そんな時は、居所を確認し、迷わず訪問することが必要です。実際に訪問してみると、ごみ屋敷になっているだけでなく、本人も病気になっていたなどの抜き差しならぬ状況になっていることもあるからです。そんな様子を感じ取ることも、公務員にとっては必要な電話対応術なのです。

このため、そうした小さな気づきに敏感な人は、公務員向きと言っても良いかもしれません。特に、福祉の現場では、周囲からも重宝されるでしょう。住民の様々な痛みや弱みを見つけられることは、福祉の現場ではとても重要だからです。

最近では、役所と住民とのやり取りは電話だけではありません。ＦＡＸやメールはもちろんのこと、ＡＩチャットボットなども活用されています。それでも、先のようなことを考えると、まだまだ電話の役割は大きく、職員の電話応対術の重要性も高いのです。

6 わかりやすく説明する

民間企業では、自社の商品やサービスを顧客に購入してもらうことが必要です。この時の顧客の心理モデルとして有名なのが、ＡＩＤＭＡ（アイドマ）です。これは、ある商品を知って購入に至るまでの段階を示しています。具体的には、次のとおりです。

Attention（注意）：商品やサービスの存在に気付く
Interest（興味）：商品やサービスへ興味を抱く
Desire（欲求）：商品やサービスを欲しいと感じる
Memory（記憶）：商品やサービスを記憶する
Action（行動）：商品やサービスを購入する

最近では、インターネット環境の普及もあり、ＡＩＳＡＳ（アイサス）と呼ばれるものに変化しているようです。

Attention（注意）：商品やサービスの存在に気付く
Interest（興味）：商品やサービスへ興味を抱く
Search（検索）：商品やサービスについて検索する
Action（行動）：商品やサービスを購入する
Share（共有）：商品やサービスについて、他の人とSNSなどで共有する

この企業と顧客との関係は、役所と住民との関係に置き換えると、大きく異なってきます。プロセスが次のように変わるからです。

住民が行政サービスを探す（もしくは広報等により行政サービスを知る）
そのサービスを受けるための手続きを行う
サービス適用の可否が判断される
サービスを受ける（もしくは受けられない）

これは保育園や幼稚園の入園、高齢者や障害者への各種サービス、児童扶養手当などの

給付金や貸付金、公民館などの施設の貸出をイメージしてもらえばわかりやすいかと思います。

一方で、行政サービスには、公権力による強制的なものもあります。

自治体がサービスの対象となる住民を確定する
住民に一方的に通知する
住民に強制的にサービスを適用させる

これは、サービスと呼べるかは、少し疑問が残りますが、法に基づく強制入院、建物取り壊しなどの行政代執行、児童虐待に伴う児童の養護などがあります。

以上のことを踏まえると、民間企業とは異なり公務員にとっては、サービスの対象となる住民に納得してもらうことが、いかに重要なことかがわかるはずです。なぜなら、「サービスを断る」、「強制的にサービスを適用させる」ことがあるからです。

また、公権力の行使とまではいきませんが、「ごみ出しのルール変更をするので、住民に守ってもらう」ということも、形の上では「お願い」かもしれませんが、実質的には、住民に強制することになります。

こうしたことから、住民に納得してもらうことは重要です。そのために、公務員として必要なスキルとして、「わかりやすく説明できること」が大事なのです。

また、想像すればわかると思いますが、自治体が行うサービスは、法律や条例など、何かしらの根拠規定があります。それらは、行政が実施するものですから、多くは緻密な制度設計がされています。このため、その理解が難解なことも少なくありません。

しかし、サービスを受ける住民は、そうした法令などの根拠規定を熟知していることは、多くありません。このため、その通訳者として公務員の役割が重要なのです。

例えば、生活保護の申請にあたっては、①就労状況、②資産内容、③親族からの扶養の可否、④病気や障害の状況などを、細かく住民に聞くことになります。「なぜ、そんなことを聞くのだ！　それは個人情報だから、伝える必要はない」という住民にも、生活保護の判断に必要な事柄であることを、わかりやすく説明しなければならないのです。

場合によっては、その世帯の生活保護費と、現在の収入などを棒グラフで示し、「この差額の○○円が支給される保護費になります」のように図表を活用することもあります。また、「生活保護のしおり」などのパンフレットを使って、生活保護制度の内容を理解してもらう必要があるのです。

制度の内容を十分に理解しないと、「なぜ、こんな金額しかもらえないんだ！」と後で苦情を言ったり、自治体に申告しないで働いてしまったりするからです。十分に納得・理解してもらわないと、後日、どうしてもトラブルになってしまうからです。

その意味でも、相手の目線に立って説明できることは、とても重要なのです。かつてよく批判された公務員像のように、上から目線で住民に話すような人は、現在では公務員としてやっていくのは難しいでしょう（それは、民間企業でも同じでしょうが……）。

窓口に高齢者が来ると、職員が「おじいちゃん、これはね……」などと、耳の遠い住民に向かって、大きな声で説明している場面もよく見ます。このように、公務員にとっては、住民にわかりやすく説明することが大事なスキルなのです。

7 意外に重要な論理的思考力

前項で述べた「住民に納得してもらう」ための有効なツールの1つが、論理的に説明できることです。

例えば、公立の小中学校には、それぞれ通学区域があります。A小学校はX町在住の児童が通い、B小学校はY町とZ町の児童が通っています。しかし、Y町に大型マンションが完成して、そこに多くの児童が在住することがわかりました。しかし、B小学校の規模が小さく、B小学校ではその児童を収容することができません。このため、通学区域を変更し、Y町在住の児童は、A小学校に通うことに変更するのです。

しかし、これにはY町の住民から反対運動が起こります。以前から、Y町に住んでいた住民は、B小学校に愛着があるからです。保護者もB小学校出身で、せっかく自分の子どもがB小学校に通学して、先輩・後輩の関係になることができたのに、自治体の勝手な都合で、無理やり通学区域を変更するなんて許せないというわけです。

こうした場合、自治体職員は住民に説明しなければなりません。「Y町に大型マンションができる」→「マンションには多くの児童が住む」→「年数が経ち、子どもの数が次第に増えていくと、B小学校では収容できない」→「このため、Y町の児童はA小学校に通うことにする」です。

このように、ある意味ではストーリーのようにして、論理的に説明しないと、当然のことながら住民は納得しません。しかし、論理的に説明できたからと言って、必ずそうなるわけではありません。先の例で言えば、住民との話し合いの結果、「マンションの児童はA小学校に、マンション以外のY町の児童はB小学校に通うことにする」という結論になることも、当然あります。

この論理的説明は、ある意味では、「風が吹けば桶屋がもうかる」式の説明かもしれませんが、このように説明できることは、公務員にとって重要なスキルなのです。この通学区域の例は、やや単純な内容かもしれませんが、こうした場面は、様々なところにあります。

例えば、本章の冒頭に挙げた「資料で勝負する！」ですが、資料の構成がやはり論理的でなければ、読み手である上司は納得しないでしょう。「なぜ結論が、こうなるのか？ここに理由が書いてあるが、○○という視点で考えれば、別な結論になるだろ」と、資料の不備を指摘するでしょう。

ちなみに、公務員にこうした論理的思考力を求めていることは、公務員採用試験からもわかります。公務員採用試験の科目の1つに、数的処理というものがあります。数学的な思考力や推理力を問う問題ですが、この数的処理には、「判断推理」「数的推理」「資料解釈」「空間把握」の4つの分野が含まれます。この中の判断推理で、まさに論理的思考力があるのかを見ているのです。

例えば、次のような問題です。

ある事件の容疑者として、A～Eの5人が取調べを受け、次のように供述した。
A：「私は犯人ではない」
B：「Dが犯人だ」
C：「Bこそ犯人だ」
D：「Aの言っていることは本当だ」
E：「Bは嘘をついている」
ところが、5人のうち1人だけが嘘をついていたことが後でわかった。犯人は5人のうちだれか。ただし、犯人は1人だけであるとする。

これは、「犯人は1人だけしかいない」ことから、「BかDが犯人」であることがわかります。また、「嘘をついているのは1人だけ」から、「BかCが嘘をついている」ことがわかります。その後、「Eは本当のことを言っている」→「Bは嘘をついている」→「Dは犯人ではない」→「Bが犯人」と導けるわけです。

また、公務員は、様々な統計データを活用して仕事を行うことも特徴の1つです。官公庁が様々なデータを発表していることはご存じかと思いますが、これは単に発表して終わりではないのです。

例えば、「地区別の高齢者意識調査結果と、地区別の健康寿命との間には相関関係がある」などと問題を発見し、地区別の健康教室の実施回数や、公園の健康器具の設置状況の見直しを行うこともあります。「この2つのグラフから、何が言えるのか？」などは、担当者の間で議論することもあります。

より効果的な事業を実施するためには、統計データを分析し、そこから論理的に問題点を見つけるというトレーニングを公務員は日常的に行っているといっても、間違いではないでしょう。

こうした論理的能力が必要なのは、民間企業でも同様でしょう。ただ、公務員の場合は、「住民に納得してもらう」ことや、統計データの活用といった点からも、特に重要なのです。そして、それは採用試験にも表れていると言えるわけです。

このため、「理屈で物を考えるのは苦手」、「感性を重視した生き方をしている」などの人は、公務員には向かないでしょう。上司に対して、「ほら、何となくこんな感じですよね」

では、怒られてしまいますから……。

8 なぜ根回しが特に重視されるか

円滑に業務を進めるために、関係者への根回しが重要であることは、民間企業であろうと公務員であろうと変わりはありません。しかし、公務員にとっては、民間企業以上に根回しが重要になり、コミュニケーション能力が必要となります。その理由は、これまで説明してきたことからもご理解いただけるかと思います。

第一に、公務員は縦割り主義に基づき、職員一人ひとりの役割分担が明確であることです。例えば、教育委員会の職員が、「学校防災マニュアル」を作成することとなったとします。このマニュアルは、災害発生時に児童生徒の命を守るために、教職員が行うべき必要な対応などをまとめたものです。市内全域の学校に関係していますので、特定の学校が作成するのではなく、教育委員会が作成するのです。

この時、作成にあたって、検討委員会が組織されます。その委員には、教育委員会の課長はもちろん、学校の校長や副校長の代表、防災課職員など、様々な関係者が加わることになります。それら関係者の合意がないと、マニュアルが作成できないからです。

例えば、マニュアルに記載する教職員の役割などについて、教育委員会の職員が案を作成したとしても、委員の校長などから「そんなことは、現場の教職員にはさせられない」などと反対されてしまっては、マニュアルに記載することはできません。

現場の教職員を指揮するのは校長の役割ですから、校長が納得しないとマニュアルに書けないわけです。このように、役割分担がはっきりしている公務員の組織においては、委員会開催前に校長のところに行き、事前に了解を得ておくなどの根回しが重要になってくるのです。

いきなり会議の場で、「教職員の役割」などと明記されていたら、校長は「こちらに何の相談もなく、勝手に内容を決めるなんて何事だ！」と考え、その後、マニュアル作成に協力してくれないかもしれません。

第二に、ピラミッド型の組織である役所では、上の了承がないと物事が進まないことです。先の学校防災マニュアルも委員会の中で決定したとしても、全庁的に「〇〇市学校防災マニュアル」として確定させるためには、教育委員会の部長、教育長、市長にも了解を得る必要があります。

そもそも、このマニュアルを作成する前に、「学校防災マニュアルを作成するため、検討委員会を組織・設置してもよろしいでしょうか」とお伺いを立てる必要があるのです。これをしないで、いきなり担当の課長が「学校防災マニュアルが出来ました！」と報告したら、おそらく上司は「俺は聞いていない」、「事前の報告もなく、なぜ勝手に物事を進めるのか」と、トラブルになるでしょう。上司の了承がないと、市として正式なマニュアルに位置付けることはできませんから、せっかく検討しても、時間のムダになってしまうのです。

第三に、公務員は閉ざされた人間関係の中で業務を行うため、属人的な結びつきが強いことです。先のピラミッド組織の関係は、ある意味では、業務を進めていくための組織として必要な正式な手続きです。一方で、正式な手続きでなくても、必要な根回しがあります。

学校防災マニュアルの例で言えば、保育園防災マニュアルとの関係です。学校防災マニュアルは完成し、対外的にも発表し、議会に対して報告したとします。その際、議員から「学校のマニュアルはできたが、保育園の防災マニュアルはどうなっているのか」との質問があっても、全く不思議ではありません。

このため、教育委員会の担当課長としては、検討委員会を組織する段階で、保育課にも情報提供するわけです。そうしないと、教育委員会の担当課長と保育課長との間で、個人的なしこりができてしまうからです。

保育課長からすれば、事前に教えておいてもらえば、何らかの対応策を講ずることができたのに、情報がもたらされなかったために、議会から「保育課は、何をやっているんだ！」と追及されてしまうのです。教育委員会の課長からすれば、「そんなことは、話す筋合いのものではない」と考えるかもしれません。

しかし、長い役所生活では、この保育課長とは、今後もいろいろな場面で関係することになります。それを考慮すると、ここで関係がこじれてしまうのは得策ではないのです。こうしたことから、「念のため、学校防災マニュアルの状況について報告しておくね」と、保育課長に根回しするわけです（それは、「保育園防災マニュアル」について、議会から追及されるかもしれないから、そのつもりでいてねという意味でもあります）。

第四に、議会の存在です。地方自治は、選挙で選ばれる首長と議員の2つの存在がある二元代表制です。このため、職員は首長のことだけを考えて物事を進めればよいわけでなく、必ず議会のことも考えて業務を行っていかなければなりません。

検討委員会における校長と同様に、議員から「俺たちは何も聞いていない」とへそを曲げられてしまうと、条例案や予算案が議会で可決されず、結果的に住民に大きな影響を与えてしまうのです。このため、自治体の管理職は、常に議会への根回しに気を遣っているのです。以上のように、公務員にとって根回しは、とても重要なスキルなのです。

このように考えると、やはりコミュニケーション能力がないと、公務員としてやっていくことが難しいのは、言うまでもありませんね……。

第3章

公務員の出世術

1 公務員は本当に減点主義か？

公務員は減点主義だ――これは、世間一般でよく指摘されることです。役所という組織の人事評価は、ミスや失敗などがあれば、それに伴って減点されていくものだという考え方です。これは、これまでにも述べてきた「公務員にとっては、正確さが大事」ということを考えれば、何となく想像できると思います。また、これまでの自分の経験を振り返っても、そうした一面があることは否定できません。

このことを職員の意識という視点で考えると、職員は決められた役割分担に対して、「正確に処理できるか」、「いかにミスをしないか」を気にして働くこととなります。また、他の職員に対する意識についても同様のことが言えます。つまり、「〇〇さんは、金額を誤って送金してしまった」、「△△主事は、データを間違えた資料を作成した」のように、減点主義的な視点で、他の職員を見てしまいがちになるのです。

結果として、公務員は失敗やミスに対して、非常に敏感になってしまいます。「正確さがすべて」のような雰囲気は、窮屈で苦手と感じる人もいるでしょう。しかし、残念ながら、公務員の世界では、これを完全に避けることはできません。

減点主義の反対は、加点主義です。これは、誰もが0点をスタートとして、成果や実績に伴い、少しずつ点数が増えていく評価方法です。たまに、民間企業からの転職組の職員が、公務員の雰囲気に大きな違和感を覚え、「役所は減点主義だが、企業は加点主義だ」と訴えることがあります。

しかし、実際にはそんなに単純な構図ではないでしょう。例えば、民間でも大企業であれば、官僚的な組織になってしまい、やはり社員一人ひとりの役割分担は明確化されています。そのため、担当業務によっては、公務員と同様に「いかにミスをしないか」が最重要事項であることもあります。

もちろん、営業職のように売上が重視されたり、クリエイティブ職でコンテンツが重要だったりすることもあるでしょう。このため、「公務員＝減点主義、民間企業＝加点主義」のように、単純に断言することはできないのです。

実際に、公務員の組織を減点主義だからと割り切るのは、実態と合っていない側面もあります。それは、次のようなことです。

第一に、従来の減点主義だけでは、役所という組織を円滑に運営できなくなってきたことです。かつては、役所の仕事というと、あまり大きな変化もなく、「10年前も、今も同じ仕事をしている」というイメージを持つかもしれません。しかし、現在は、時代の変化が激しく、それに伴い法律や制度も大きく変わってきます。

以前にはなかったヤングケアラー、空き家、カーボンニュートラルなど、様々な問題が生まれています。これらの新しい問題については、前例踏襲では太刀打ちできません。自ら課題を発見し、的確に対応して、何らかの成果を残さないと、住民からも議会からも批判されてしまいます。

つまり、「いかにミスしないか」ではなく、「その問題に対して何をしたのか」という実績が重視されるようになってきたわけです。そもそも前例がないために、「ミスをしない」という視点では捉えられないのです。

第二に、上司も加点主義で人事評価を考えることが多くなってきたということです。先に述べたように、役所にも新たな課題がいろいろと押し寄せてくるようになりました。このため、それに対応できる職員が重宝されることになります。

現在、自治体の職員数は非常に限られており、どの自治体も余剰人員を抱えるような余裕はありません。なぜなら、世間の公務員への視線には厳しいものがあり、とても余裕ある職員を抱えることなどは、世間的にも財政的にもできないのです。実際に、公務員数や人口に占める公務員の割合は、国際的に見ても日本は低くなっています。

このため、上司からすると、自分の組織にいかに優秀な部下を集めるかが、とても重要になってくるわけです。この時に、従来の「いかにミスしないか」の減点主義的思考の職員では、物足りないのです。「ミスをしない」というのは、ある意味では職員の資質としては最低ラインとも言えますので、そうした職員は「その他大勢の職員の1人」に過ぎず、どうしても目立たない職員になってしまうわけです。

それは、職員にとっても困ることになります。なぜなら、「その他大勢」では、自分の希望する部署に異動できなかったり、昇給も遅れてしまったりするからです。結果として不利益を被ることになりますので、職員としても実績をアピールせざるを得なくなってくるのです。

このように考えると、現在の公務員には加点主義的な要素が求められていることが、おわかりいただけるかと思います。つまり、「正確に仕事ができることは当然であって、その上に付加価値を生み出すことができる人」が、今求められている公務員像なのです。付加価値とは、具体的には事務改善であったり、コスト削減であったり、いろいろなものが考えられます。

今でも、公務員に減点主義の側面があることは否めません。しかし、減点主義だけで役所の仕事をする時代は終わっているのです。正確さの上に、付加価値を生む人が重宝されているのです。その意味では、一般企業のビジネスパーソンに少し近づいてきたと言えるかもしれません。

2 出世をどう考えるか

「公務員になったら、どこまで出世したいか」は、職員であれば、やはり誰しも一度は考えることでしょう。出世というと、民間企業のビジネスパーソンであれば、「とにかく偉くなって、トップに立ちたい」というような人を想像しがちです。しかし、公務員の場合、そこまでギラギラとした野望を持って入庁する人は、あまりいません。

なぜなら、そもそも役所という非営利団体で公共性の高い仕事を選ぶ人達なので、基本的には真面目な人が多いのです。「自分が、自分が」というエゴ丸出しのようなタイプは少ないというのが実感です。

実際に、組織の上部にいる管理職の職員であっても、若いうちからコツコツと仕事に取り組む中で、上司や周囲から勧められたり、「何とか自分でもできそうかな」と思ったりして、管理職になった人が多いように思います。

ただし、本当のトップ（自治体で言えば、副知事や副市長などの副首長ポスト）が見える頃になると、その座を巡って、いろいろなバトルが繰り広げられるのですが、それはいずれまた別の機会に書きたいと思います。

そこで、ここでは出世を大きく3つのコースに分けて考えてみたいと思います。1点目が管理職（一般に、課長以上）コース、2点目が係長コース、3点目が一般職員コースです。この3つのコースのメリット・デメリットについて触れてみたいと思います。実際の職員たちがどのように考えて、それぞれのコースを選択してきたのかを整理したいと思います。

まず、管理職コースです。管理職のメリットは、まず給料が3種類の中で最も高いことでしょう。これは、毎月の給料だけでなく、退職手当や年金の受給額にも反映されますので、無視できない大きな要素です。実際に、「お金のため」と割り切って管理職を目指す人もいるくらいです。

また、仕事のやりがいも大きくなります。管理職は、自分の考えを事業や政策に反映させることができます。基本的には、決められたことを実施する係長以下とでは、仕事で得られるやりがいは、やはり違ってくるのです。

ちなみに、公務員と民間企業の組織を比較すると、同じ課長職であっても、公務員の課長は民間企業の課長よりも権限が大きいことが一般的です。例えば、清掃事務所長は、市内における清掃業務の責任者です。清掃業務については、市内全域に影響を及ぼすことができるのですから、民間企業とは異なります。部長や係長のポストであっても、同じようなことが言えます。

さらに、いわゆる世間体も良くなります。「自分の子どもの結婚式の時、係長ではなく、課長として紹介されたい。だから管理職になる」という人もいました。個人的には、その気持ちはよくわかりませんでしたが、そう考えても不思議ではないでしょう。

一方で、デメリットは、多忙になることです。議員や関係団体への対応、首長など上司への報告、部下の人事管理、職員団体との交渉など、管理職は多くの業務をこなさなくてはなりません。このため、ストレスも多くなってしまいます。

多忙であっても、確実に業務をできていれば良いのですが、問題が多発してしまい、管理職自身がストレスに押しつぶされてしまうこともあります。最悪の場合は、心身に不調をきたし、降任（係長以下へ降りること）することもあるのです。

次に、係長です。係長も給料・世間体という面では、管理職ほどではないですが、一定のレベルを維持できます。しかし、仕事面では係長の裁量は限られていますので、自分の思い通りに仕事を進められるという感触は持ちにくいでしょう。

反対に、上司である課長からは、いろいろと宿題を出されるものの、それを部下にやらせるのに苦労している気がします。最近では、係長も業務や部下だけの管理をしていれば良いわけでなく、係長自身も独自の担当業務を抱えるプレイングマネージャーとなっています。

このため、管理職以上に忙しい係長も出てきてしまい、給料に見合わないということが起きてきます。こうしたことから、「管理職になった方が、かえって楽なのでは」と考える人が出てくるのも、不思議ではありません。ただ、どうしても議員や首長の相手をしたくないので、「自分は係長の方が向いている」という人もいて、このあたりは、本人の性格や人生観が、大きく影響していると言っても良いかもしれません。

最後に、一般職員です。一般職員のメリットは、「与えられた業務だけやっていれば、あとは基本的に自由で、責任も少ない」ということでしょう。このタイプを選択する職員は、「自分は人の管理はできないので、長の付くポストには就きたくない」、「仕事は最低限に留めて、私生活を充実させたい」と考えていることが多いように思います。このため、給料・やりがい・世間体などのメリットがなくても、構わないと考えています。また、忙しさやストレスも、管理職や係長と比べても、やはり大きく違います。

公務員になると、上記のようなメリット・デメリットを勘案した上で、自分にとってどれが最適かを選ぶことになります。これは、一生に関わるとても大事な選択です。先の管理職のように、ストレスに押しつぶされて降任することも、あるからです。

民間企業の場合、本人の意思や希望に関係なく、管理職になってしまうこともあるかと思います。仮に、本人がそれを拒絶すれば、「嫌なら、退社しろ」と言われてしまうかもしれません。しかし、公務員の場合は、そうしたことは、まずありません。

係長や管理職に昇任するために昇任試験がある自治体もありますし、仮に試験がない自治体でも必ず昇任について打診があることがほとんどだからです。そうした意味では、公務員の場合は、出世について運の要素よりも、自分で主体的に選択できるといった側面が強いと言って良いかもしれません。

3 出世に有利な職場、不利な職場

前項で、公務員の出世について触れましたが、仮にある若い職員が、早い時期から管理職を目指したとします。この場合、どのようにしたら最短距離で管理職になることができるのでしょうか。職場によって出世に有利・不利があるのでしょうか。この点について、整理してみたいと思います。

かつて、出世するためには、官房系と呼ばれる職場に行くことが必要とされていました。官房系とは、総務、人事、企画、財政など、一般的に役所の全般的な取りまとめを行っている職場で、内部管理部門とも言われます。これに対する用語が、事業系の職場です。市民課、福祉課など、実際に住民サービスを行っている職場です。

これまで多くの職員を見てきましたが、いわゆるエリートと呼ばれる職員は、2、3か所目の職場で官房系に異動になることが多いように思います。ちなみに1か所目である最初の配属先は、まだ本人のことを当局もわかっていないので、かなり偶然（もしくはいい加減?）に決まることが多いようです（このため、1か所目の配属先が不本意であっても、嘆く必要は全くありません）。

たとえ1か所目が、事業系でルーティンな業務の担当だったとしても、そこで手を抜かずに確実に成果を出していけば、上司も見逃すことはありません。「彼（女）は優秀だから、次は官房系の職場で活躍させたい」などと人事課に話すでしょう。そうすると、2か所目でそうした職場に異動になるわけです（このため、1か所目の配属先が不本意であっても、いい加減に仕事をやってはいけません）。

官房系職場の職員は、どうしても上司や役所の中枢にいる職員の目に触れることになります。このため、この官房系の職場でも活躍できれば、さらに上に引き上げてくれることになるわけです。反対に、「この職員は、実際にはたいしたことない」と判断されれば、次の人事異動で優遇されることは、まずないでしょう。

こう見てくると、官房系職場に行くことが出世にとって有利であることは間違いありません。しかし、事業系職場ではダメなのかというと、決してそんなことはありません。

事業系職場は、官房系職場以上に困難な課題があることが少なくないからです。言い方は悪いのですが、官房系職場の業務は、ある意味ではルーティンです。総務、人事、企画、財政も、一年間の作業スケジュールを考えると、毎年大きくは変わりません。ただ、役所の全般的な取りまとめを行っているため、何となく役所の中枢的存在のように見え、事業系職場よりも一段上に感じるのです。

しかし、事業系職場は、まさに住民サービスの最前線です。このため、住民票の交付などで来庁する住民の方はもちろんのこと、町会・自治会の役員、ＮＰＯやボランティア団体、事業者、また「〇〇に反対する会」などの任意団体など、多くの住民や関係者と会うこととなり、それらの人々と交渉や利害調整を行っていく必要があるのです。

また、地方分権や昨今の新型コロナウイルス感染症などの状況もあり、国の法令や制度なども頻繁に変わりますので、それに合わせてサービス内容も見直していかねばなりません。

その意味では、官房系職場よりも業務は変化に富んでおり、また業務範囲も多岐にわたります。こうしたことから、大きな課題を抱える事業系職場で活躍すれば、やはり、その職員の評価は非常に高くなります。このため、「官房系職場でなければ、出世できない」ということはないのです。

ちなみに、公務員生活を長いスパンで考えると、どんなに優秀な職員であっても官房系職場にしか在籍しないということは、基本的にありません。そうした固定化した人事を行ってしまうと、以前にも触れたように、不正が起きやすくなってしまう、ゼネラリストとして養成できない、などのデメリットが生じてしまうからです。また、そうした特定の職員のみ特別扱いすると、他の職員や職員団体からクレームが来てしまうでしょう。

仮に、在職期間を30年として、4年に1回異動すると考えると、8か所の職場に在籍することになります。最初の配属先は別としても、残り7か所をすべて官房系職場に在籍させることは、人事当局からしても困難なのです。一方で、8か所すべて事業系職場という職員は存在します。

話を戻すと、官房系職場は出世に有利な職場と言えますが、在籍できたからといって安泰ではなく、また事業系職場が必ずしも不利とは言えない、ということがおわかりいただけたかと思います。

民間企業の場合は、実績重視ですので、やはり役所で言うところの事業系職場での実績が、出世に大きく影響してくるように思います。官房系職場が評価されるのは、役所的体質のある企業のような気がします。

ちなみに、もし「自分は出世したいのですが、どうしたら良いですか」と後輩職員から質問されたら、次のようにアドバイスするでしょう。①どの職場でも仕事の手を抜かず、何かしらの実績を残すこと、②官房系職場に異動し、役所全体を見る視野を持つこと、③

昇任試験があるならば、一発合格すること、④上司・同僚・後輩など、あらゆる人間関係を良好に保つこと、……あっ、すみません。自分のことを棚に上げてしまいました。

4 戦略的人事異動

「自分が希望する部署に行きたい」――誰しもそう思うでしょう。希望する部署であれば、仕事に対するやる気もありますので、少々つらいことがあっても乗り切ることができます。反対に、全く希望しない、もしくは「ここの課にだけは、行きたくない」などと思っている部署に配属されてしまったら、嫌になってしまうでしょう。

しかし、実際には、なかなか希望通りにならないのが人事異動です。これは、人事課の立場で考えれば、ご理解いただけるかと思います。

まず、いわゆる人気職場には多くの希望者が殺到します（一般に、人気職場とは「出世に有利な官房系」、「華やかな仕事のように見える広報・地域振興」、そして残業が少なそうな部署、といったところでしょうか）。一方で、不人気職場を希望する人はほとんどいません。しかし、毎年必ず人事異動はありますので、不人気職場であっても、誰かを送り込まなくてはいけないのです。人事課は、そうした使命を背負っています。

また、人事課は、異動を希望する当該職員だけでなく、その上司である課長の意向を重視せざるを得ません。「今年、○○君は異動年限で、人事異動の対象となっている。しかし、今、彼（女）に出ていかれては、うちの課は回らない。だから、今回だけは残留させてくれ」と頼まれれば、人事課としては、その職員を異動させることは、まずできません。そうすると、たとえ当該職員が異動を熱望していても、その思いは簡単に握りつぶされてしまうことになるのです。

このような背景のあることを前提に、ではどのようにしたら、自分が希望する部署に異動できるのかを考えてみたいと思います。

まずは、自分の上司との円滑なコミュニケーションができていることです。先の例で言えば、課長が「今、この職員に出ていかれては困る」と思っていたとしても、「どうしても、今回、異動したいのです」と必死に訴えれば、異動も可能かもしれません。しかし、そのためには両者の間に円滑なコミュニケーションがあることが前提です。

いくら職員が異動を希望していても、その思いを課長が知らなければ、希望が叶うことはありません。「課長は、私の思いをわかってくれているはずだ」などと幻想を抱いても、実際に言葉にして伝えなくては、課長にはわからないのです。このため、明確に「異動したいです」と伝えることは、最低条件です。その上で、「△△課を希望します」と明確に伝えなくてはなりません。

そこで、重要なのは日頃の仕事ぶりです。課長は、毎年、何人もの職員を異動させるため、それぞれの希望を人事課へ伝えることになります。その際、「○○君は、とても頑張って仕事をしてくれている。是非、希望の部署へ異動させてやってくれ」と言うのか、「○○君は、あまり仕事に熱心でない。△△課を希望しているようだが、私としては、どこでも構わない」と伝えるのかでは、大きく異なってきてしまいます。このため、課長に「この職員は頑張っている。だから希望を叶えてやりたい」と思ってもらえるような職員となるよう、日頃から一生懸命に仕事をすることが重要なのです。

ちなみに、当該職員が優秀過ぎると弊害もあります。その職員がとても優秀なため、「△△課を希望しているが、ここではもったいない。もっと仕事の大変な◇◇課の方が、適している」などと藪蛇（?）になってしまうのです。こうしたことを避けるためにも、先に触れたように課長との円滑なコミュニケーションは必須でしょう。

また、戦略的人事異動のためには、自分の上司の課長だけでなく、希望する部署の課長へのアプローチも効果的です。なぜなら、その課長が「次の人事異動では、現在、△△課にいる○○君がほしい」と一本釣りしてくれることがあるからです。

当該課長としては、課の中に困難なポストがあり、それなりの職員が来てくれないと困るということがあります。このため、「このポストは大事なので、それなりの人を配置してくれ」と人事課に頼むことがあるのです。そのような時に、具体的に個人名を挙げて指名するのです。ですので、指名されるか否かが大事なポイントになるわけです。

ちなみに、人事課としても課長が個人を指名してくれた方が楽なのです。なぜなら、「それなりの人」と言われても、その課長と人事課で思いが異なると、ミスマッチが生じてしまうからです。

しかし、職員と課長に直接の面識があり、親しいということは稀でしょう。このため、異動を希望する課の課長に、誰かに自分を売り込んでもらうことが必要です。その手段の1つは、まず自分の上司である現在の課長です。直属の上司の課長が「○○君は、とても頑張って仕事をしてくれている。だから、希望する△△課へ異動させてやりたい」と言えば、△△課長に「是非、○○君を指名してくれ」となり、とても効果的です。

仮に、課長同士では無理であっても、希望する△△課の係長や一般職員に自分が希望していることを伝えておくことも、ムダではありません。なぜなら、△△課長が「誰か、良い人いないかなあ」などとつぶやけば、すかさず「課長、良い人がいますよ」と推薦してくれるかもしれないからです。

こうした人事異動への根回しは、民間企業でもあまり変わらないかもしれません。ただ、ビジネスパーソンと異なる点は、実績や成果などが数値で示しにくいため、職員と課長との関係など、人間関係の要素が人事異動に大きく影響している点だと思います。このため、人事異動の時だけ、課長にお世辞を言ってもダメで、普段からコミュニケーション能力を磨いて円満な人間関係を心がける必要があります。

5 人事異動に影響力を与える意外な人たち

人事異動にあたっては、直属の課長が大きな影響力を持っていることを前項で触れましたが、これはある意味では、当然です。直属の上司だからです。しかし、意外な人たちが、職員の人事異動に影響を与えることがあるのです。

まず、町会長や自治会長です。町会長や自治会長は、非常によく職員と接することになります。地域振興課など、町会活動を担当している部署はもちろんですが、出先機関の出張所の職員なども同様です。例えば、X市A町にあるA出張所は、A町の町会と結びつきが強いことは想像できると思います。このため、A町会長の影響は大きいものがあります。

かつて、実際に経験したものとして、次のようなものがあります。ある年に、A出張所の所長として赴任してきた職員がいました。この所長は、悪い人ではないのですが、あまり気が利く方ではなく、地元町会に対しても気配りが欠けることがありました。このことを良く思っていなかったA町会長は、なんと市長にそのことを直接告げたのです。

この一件で、A所長は、翌年すぐに異動となって転出しました。文字通り、鶴の一声です。市長が、直接人事課長に話をしたのでしょう。市長にとっては、町会長は非常に重要な人達です。町会長との関係が悪くなってしまえば、次の選挙で落選してしまうかもしれません。このため、町会長との関係を悪化させるような要因は、すぐに取り除くわけです。

同様のケースで、各種団体があります。例えば、障害者団体の代表が、やはり市長に直訴するような場合です。「今年、新たに障害者福祉課の施設係に来た〇〇という職員には、本当に困っているんです」などと言えば、やはり同じようなことが起こるでしょう。

市長は、こうした各種団体との関係を良好に保ちたいと考えているので、新年会などの会合に出席したりします。また、団体からの要望書を受け取る姿を写真におさめ、それは団体の会報に掲載されることになります。団体としては、市長との関係を会員にアピールできるというメリットがありますし、市長としても自分を支援してくれている団体の1つと見ることができ、両者にとって好都合なのです。こうした背景があるため、市長も団体の意向は無視できないのです。

さらに、市役所宛のメール、広聴はがきなども無視できません。よく「市役所へのご意見をお待ちしております」などと、住民等からの意見をメールやはがきで募集しているのをご存じの方もいるかと思います。

こうした住民からの意見は、結構多いのです。現在、おそらく多くの自治体では、こうした意見については、その回答を本人に送付するとともに、ホームページなどで掲載しています。「役所は、住民の意見や声に対して、このように対応していますよ」という姿勢をアピールするねらいがあるからです。このため、住民も気軽に意見を寄せてくることになります。

仮に、窓口でトラブルがあったりすると、「8月17日に市役所に行ったが、市民課の○○という職員の対応が非常に悪かった。なぜなら……」と長文で送られてくることも少なくないのです。そうすると、係長はその職員を呼び出して事情を聞き、回答を作成しなければなりません。その際、職員の方に非があるとすると、場合によっては自宅に行って謝罪するようなこともあるのです。こうした事態があれば、いずれ公になってしまいますので、人事異動に少なからず悪い影響があるのは、想像に難くないところです。まさに住民が、職員の人事異動に影響を与えたということになります。

これまで、良くない職員の例ばかり挙げてきましたが、もちろん、職員が褒められることもあります。

例えば、先の町会長の件で言えば、所長との関係がとても良好で、「あの職員はとても良い人なので、A所長のままで残留させてくれ」というような場合です。こうした場合は、反対に市長が「もう在籍期間が長いので、無理なんですよ」と、かえって町会長を説得するようなことさえあるのです。障害者団体の例も同様です。

また、市役所宛のメール、広聴はがきにも当てはまります。「○○課の△△さんは、とても丁寧に対応してくれて助かった」などというはがきが送られてくることもあるのです。そうすると、今まであまり注目されてこなかったその職員が、一気に脚光を浴びるということもあります。

人事課は、様々な職員の情報を集めます。このような隠れた優秀な職員を見つけ出し、早く活躍させたいと願っています。このため、次の人事異動で官房系などの目立つ職場に異動させたりすることもあるのです。

これまで述べた内容を民間企業に当てはめるならば、顧客やお得意先から社員の評判を聞くというようなことでしょうか。こうした面は、確かに同様のことがあるかもしれません。ただし、役所の場合には、首長選挙が関係しているという点が、民間企業とは大きく異なるところかもしれません。

このように考えると、やはり日頃の人間関係や仕事ぶりがいかに大事かがわかるかと思います。庁内や関係団体との人間関係にトラブルがある、日頃の仕事がいい加減では、やはり希望する部署への異動は難しくなってしまいます。

6 昇任試験は踏み絵？

先ほども少し触れましたが、公務員が昇任する際に、昇任試験に合格することが条件になっている自治体があります。つまり、昇任試験に合格しないと昇任できないのです（もちろん、こうした昇任試験がない自治体もあります)。

ところで、まず自治体によって昇任体系は様々です。例えば、一般に、一般職員(ヒラ)→主任(中堅職員)→係長(監督職)→課長(ここから上は管理職となる)→部長→副市長という自治体があったとします。この場合、すべての段階で試験があるわけではなく、主任試験と管理職試験(課長試験)の2つだけがあるとすれば、2つをクリアしないと課長以上にはなることができないわけです。

ちなみに、試験の内容も様々です。択一問題(地方自治法や地方公務員法など)、論文(行政課題や職場課題について答える)、記述式(資料から課題をまとめるなど)、面接などがあります。昇任試験専用の参考書や問題集なども、多数市販されています。

さて、こうした昇任試験の現在の状況について、少し触れておきたいと思います。

まず、昇任を目指す職員が少なくなってきたという事実です。かつては、昇任を目指すことは一般的でしたが、現在では「出世しよう」とする職員が減少しています。このため、そもそも昇任試験を受験しない職員が結構いるのです。

その理由としては、「私生活と仕事の両立に対する不安」、「管理職という仕事自体に魅力がない」、「自分自身が管理職になる自信がない」、「管理職の処遇に魅力がない」、「目標となる管理職がいない」などが指摘されています。

　これでは、組織が円滑に運営できなくなってしまう可能性があります。誰も係長や課長になりたがらなければ、ピラミッド型の組織は運営できないからです。このため、多くの自治体ではいろいろな対策を講じました。

　その中には、「昇任試験の試験科目を減らす」などもありましたが、最も大きい影響があったものは、「昇任した者としない者との間に、給料の差をつける」ことです。かつては、「課長になっても、仕事が大変になるだけだ。管理職手当はあるけれど、残業手当を考えたら係長と給料は変わらない。だから、多忙でストレスの大きい管理職にはならない」と考える職員が多くいたのです。

　このため、「昇任する者には、手厚く給料を出す。しかし、昇任しない者には出さない」ということになりました。ヒラ職員であれば、いずれ給料は頭打ちになってしまうのです。これは、職員にとっては、大きく悩むところです。前にも述べたように、給料は退職手当や、定年後の年金にも関係しますから、生活設計にも影響します。このため、「本当は受験したくないけれど、仕方なく昇任試験を受験した」という人も出てきます。

　こうなると、昇任試験は、当局が職員に示した「踏み絵」だというのも納得できるかと思います。職員としては踏むのか、踏まないのか、選択を迫られるのです。

言い方は悪いのですが、このように組織が職員に対して、何かしらの選択を求めてくることは少なくありません。それは、ある側面では「当局の意向に沿うのか、沿わないのか」を確かめる場面とも言えます。つまり、職員自身が組織とどのように付き合うのかを、考えなくてはいけない時とも言えるのです。

当局の思惑通りになるならば、それなりの処遇をするが、従わないのならば、厳しい対応が待っていることがあるからです。先の昇任と給料の関係もその1つです。

また、昇任試験のない自治体の場合、「次の異動で、課長に昇任しないか」と昇任の同意を求めてくることもあるかもしれません。こうした時、「まだ子どもが小さいので」と断ることも可能ですが、こうした依頼はその職員を評価していることの証明でもありますので、何度も断り続けていると、左遷されてしまうようなことがあっても不思議ではありません（民間企業であれば、一回断った時点で、退職を求められるかもしれませんが……）。

ちなみに、こうした「踏み絵」は、昇任試験だけに限りません。例えば、人事異動です。職員本人は希望していないにもかかわらず、人事課の都合で被災自治体へ職員が派遣されることがあります。被災自治体への派遣は、県などから割り振りがされることがあり、「〇

○市から1人を出す」ということがあるからです。
この場合、市としては広く職員に周知して公募するのが一般的です。しかし、応募がなければ、誰かを説得して被災自治体へ派遣しなければならないです。このような時、「絶対イヤだ！」と断る職員も当然います。しかし、人事課の説得を受け入れ、「わかりました。そこまで言うならば、行きます」と納得してくれる職員もいるわけです。

こうした職員のことを、人事課は有難く思っていますので、「次の人事異動では、何とか希望を叶えてあげよう」などの対応をしてくれるのです。「貸し借り」ではないのですが、人事課は職員に対して借りを作ったことになり、派遣される職員としては人事課に貸しを作ったとも言えるのです。また、言い換えれば、この派遣を受け入れることが、人事評価の1つになり、将来的にこの職員の昇任に影響を与えるのです。つまり、この派遣を受け入れるか否かが「踏み絵」となり、将来の昇任に影響するのです。

まだ、実際に働いたことのない人にとっては、なかなか想像しにくいかもしれませんが、このように「組織とどう向き合うか」は、いろいろな場面で問われてきます。公務員生活が長くなればなるほど、様々な選択を迫られるようになるのです。

第4章

公務員が人間関係のストレスを減らすコツ

1 公務員の顧客は幅広い

本章では公務員の日々の仕事をイメージしてもらうため、自治体をとりまく様々な人間関係を職員目線で紹介していきたいと思います。

公務員、特に基礎自治体の職員は、対象とする顧客が非常に幅広いため、相手に応じて話し方や内容を上手く使い分けるコミュニケーション能力が強く求められるのです。

市職員が小学校や中学校で授業を行う、出前授業というものがあります。例えば、将来、児童生徒が有権者となった場合に投票を棄権しないように、また広く選挙について知ってもらうため、選挙管理委員会の職員が説明をするのです。

こうした時に求められるのは、児童生徒に興味を持ってもらえるように話すことです。「投票箱や記載台は、実はこのように組み立てるのです」とか、「投票日当日、最初に投票に来た住民には、投票箱が空であることを確認してもらうのです」など、児童生徒を引き込むことが大事です。

当然のことですが、興味を持ってもらえなければ、児童生徒は「つまらない」という顔をしますので、それはそれで職員としても、非常につらい時間になってしまいます。また、

「とにかく説明だけすれば良いや」と開き直って、事務的な説明に終始してしまうと、後日、その小中学校からクレームが来てしまうので、やはり職員としても気が抜けないのです。

同様に、気を抜けない場面として生活保護の相談があります。ここでは、かなりシビアな対応が求められます。残念ながら、生活保護の相談の中には、「何とか役所をだまして、生活保護を受給しよう」というケースが少なくないからです。

実際に、自分も騙されたことがあります。ある高齢男性が生活保護の相談に来たのですが、記憶喪失とホームレスを装っていたのです。このため、本籍地や現住地を確認できないまま保護を開始してしまったのですが、実は別な地域で生活保護を受給していたことが、後日判明したのです。

このようなことがあるため、生活保護の相談では、様々なことを聞き出さなければなりません。もちろん、取り調べではないので詰問するようなことはないのですが、それでも、曖昧な内容については詳細を確認しなければならないのです。こうした時に求められるのは、緻密さです。相談者の就労、資産、扶養、家族状況など、様々な点について事実を正確に把握する緻密さが求められるわけです。

たとえ1つでも確認漏れがあると、後日、生活保護費を返還してもらわなければいけないなど、相談者に迷惑をかけてしまうこともありますので、慎重に1つ1つについて確認しなければいけないのです。ちなみに、この生活保護の相談者には、元暴力団員という人もいました。この時は、一見してそうだとわかる様子でしたし、事前に警察から連絡があったこともあり、とても緊張したことを、今でも覚えています。

また、ハンディキャップのある方とのコミュニケーションも、公務員にとっては必須です。特に、障害者福祉課などの部署では、多くの障害者に会うことになります。障害には身体、知的、精神など様々なタイプがありますので、職員としてはそのことを認識しておく必要があります。

差別的な発言がNGなのは当然のことですが、相手との距離を詰めようと軽口を言ったつもりが、実は相手の心にダメージを与えてしまうようなこともあります。このため、発言にもより慎重さが求められるのです。

これまでにそうした方々と接した経験がない、新人職員の中には、時に奇声を発するような精神障害者の対応に苦慮する姿も見られます。しかし、新人職員とは言え、これも住民サービスの1つであり、公務員にとっても1つの仕事ですから、慣れていくほかないのです。

基礎自治体である市区町村は、それこそ出生から死亡までの人の一生に関わる業務を行っています。また、対応する相手も、高齢者、障害者、児童生徒、青少年、経営者など、本当に様々なのです。さらに、住民だけでなく事業者・関係団体などもあります。

このように考えると、公務員として求められる能力の1つは、相手に応じた話し方ができることと言っても良いかもしれません。担当する業務には目的があって、そのために住民に対して話をすることになるのですが、対応する住民は本当に幅広いわけです。このため、公務員としては、相手に応じて上手く話し方を使い分けることが、どうしても必要になってくるのです。

ただ、使い分けができたとしても、相手がどのように受け止めるかは、別の問題です。同じ話をしているのに、Aさんには怒られるものの、Bさんには褒められるようなことが、普通にあり得るからです。結局、こちらの話をどのように受け取るかは相手次第です。その意味では、「自分はできる限りのことはするけれど、それが成功するかどうかはわからない」といった、ある種の開き直りも必要なのかもしれません。

ちなみに、公務員としての経験が長くなればなるほど、どのような人が来てもだんだん驚かなくなってきます。まだ経験が少ない時は、「え〜、この人にどのように話せば良いんだろう」と思うようなことは、よくありました。しかし、さすがにいろいろな人と接するうちに、慣れていってしまうものなのです。これも、公務員になることのメリットなのでしょうか。

2 庁内の職員にも気を遣う

公務員の顧客（住民・事業者・関係団体など）を対外的な人間関係とするならば、対内的なものは、同じ役所内の人間関係ということになります。この役所内の人間関係は、対外的なものとは、別なスキルが求められることになります。この点について、少し整理してみたいと思います。

役所では、属人的・個人的な人間関係が、非常に重視されます。そもそも、庁内の人間関係は、基本的に閉鎖的です。新卒一括採用がメインとなっている公務員の場合、民間企業と異なり、中途入庁は稀です。確かに、社会人経験者採用試験などもありますが、採用数は限られています。また、実際にそうした採用枠があったとしても、年齢としては30代くらいまでが一般的です。

このため、30代以降は、メンバーは固定化されるということになります。30代以上の職員については、定年前に退職する人はいても、高齢になってから入庁する職員はいないためです。つまり、ある程度の年齢以上の層については、固定化されたメンバーで組織が運営されるということになるのです。

このことは、属人的・個人的なつながりや人間関係が重視されることを意味しています。言い方は悪いのですが、「現在、その役職に就いているのは誰なのか」、「○○さんに話を通しておかないと、後で難癖をつけられるかも」といったように、人の顔を見て仕事をすることが多くなってしまうのです。

「そんなことは、おかしい。役所の組織目的である住民の福祉向上のため、公務員は、与えられた役職に徹するべきだ」というご意見は、まさにその通りなのですが、なかなかそうはならないのです。「だから、公務員はダメなんだ」というご批判も、よく理解できます。しかし、残念ながら、そうした面があることは否定できないのです。

このため、これまで述べてきたように、公務員にとっては、根回しや下準備が極めて重要な意味を持つのです。「あの人にへそを曲げられたら、この事業は進まなくなってしまう」というようなことが起こってしまうからです。

公務員でない人から見れば、奇異に映るかもしれませんが、公務員には「事前レク」という習慣があります。これは、本来そこで議論すべき会議の開催前に、上司などの偉い人に事前にレクチャーするというものです。

例えば、ある業務を民間事業者に委託するため、事業者を決定する会議を行うとします。一般に、こうした場合は入札で行いますが、業務が特殊であるなどの理由がある場合は、プロポーザル方式で業者選定を行うことがあるのです。この業者決定にあたっては、本来は正式な会議の場で決定することになるのですが、その前に会議の座長である副市長に事前にその内容を説明するのです。これが事前レクです。

そこでは、正式な会議ではないので、ある意味では副市長は自分の意見を勝手に言うことができるのです。場合によっては、事務局である担当課が考えた案を覆すということも起きます。しかし、これで本来の会議では、「異議なし」とすんなりと決定することができるのです。

もちろん、「そんなことはおかしい。本来の会議で、丁々発止の議論を行ってそこで決めるべきだ」との意見も理解できます。しかし、それでは意見が割れた場合再び会議を開催しなければいけないという時間と労力、職員間で激しく対立した場合には感情的なしこりが残ってしまう、などの問題を考慮すると、やはり事前レクは重要な意味を持つことになるのです。また、そうしたトラブルを考慮すると、結果的には、円滑に住民サービスを提供できるという意味においても、滞りなく意思決定されることは、住民にとっても良い場合があるのです。

公務員として、あるべき理想論はもちろん重要なのですが、その一方で、自分の与えられた業務を円滑に処理することも重要なのです。そのため、対内的な人間関係で軋轢やトラブルを起こさないことが、公務員にとっては重要なスキルになるのです。

ベテランの係長などは、このあたりの呼吸をよくわきまえていて、「さすが、〇〇課長ですね。そうした視点には、全く気づきませんでした」とか、「まだまだ自分は経験が少ないので、この分野に精通している△△さんに、事前にお話をお伺いしたいと思いまして」などの腹芸を演じたりもします。こうした見え透いたおべんちゃらを隣で聞いていると、「よくやるなあ」と思う一方で、「ベテラン職員は違うなあ」と妙に感心したりもするのですが……。

もちろん、場合によっては、「本来、この住民サービスはどうあるべきか」という議論にならないこともあります。「〇〇部長がそう言うなら、そうするしかない」といったように、本末転倒のようなことも起こってしまうことも、実際にあります。特に、偉い人や議員の意向が関係してくると、そうしたことが起きがちです。

ですが、そうしたことも事前に察知して、誤った方向に進まないように、関係者に根回しすること――これまた重要な公務員のスキルなのです。

3 公務員に必須のクレーマー対応

現在、公務員にとってクレーム対応力は必須です。実際に、自分が経験した約30年の公務員生活の中で、クレーマーが原因でメンタルをやられてしまい、休職に追い込まれた職員が何人かいました。また、私の周りにはいませんでしたが、退職してしまった人もいます。実際に経験した例としては、次のようなものがあります。

①生活保護の要件に該当しないにもかかわらず、何とかならないかと相談室で職員に対して執拗に食い下がる。しかし、どうしても無理だと判明すると、職員の悪口を言い始め、大声で怒鳴り散らす。そして、窓口で暴れ始める。複数の職員が対応し、どうにか退庁さ

せた。

②教育委員会のとある窓口に、あるサービスの申請手続のため保護者（女性）が来庁。しかし、職員が書類に不備があることを指摘し、再度、申請するように話したところ、逆上。「そんなことは、聞いていない」、「職員の対応が悪い」などと悪態をつき、申請を受理することを要求。終業時刻になっても退庁しないため、最終的に警察に連絡して、対応してもらう。

③保育園の運営をめぐって、市と保護者が対立状態になってしまう。保護者は、連日、長文の質問状を市の担当者に送り付ける。回答の猶予を2、3日しか与えず、締切日までに回答できないと、担当者に対して電話で怒鳴り散らす。このため、職員は連日残業することとなり、心身に変調をきたし、休職となる。

これらはあくまで身近にあった例ですが、他の自治体では、裁判になる事例も少なくないようです。また、そこまでいかなくても、市民課、納税課など、住民と接する職場では、年に数回は、大声で叫ぶ住民と職員との間でトラブルになっている場面を、必ず見ることになります。住民と接する自治体職員であれば、こうしたクレーマー対応は、避けることはできないでしょう。

ところで、公務員に対するクレームには、民間企業とは異なる特徴があると思います。その1つは、住民の中には、公務員に対して偏見を持っている人がいることです。つまり、「公務員は働かないし、サービスがなっていないお役所仕事だ。だから、批判しても構わない」、「前例踏襲の公務員になる人なんて、民間企業では通用しない人間だ。そんな職員は、注意すべきだ」など、公務員を見下していることです。公務員蔑視と呼んでも、良いかもしれません。

また、公正中立を旨とする公務員は、業務の性格上、なかなか反論することが難しいということも特徴の1つかもしれません。民間企業であれば、「民民」の関係ですので、「そんなに苦情があるならば、購入していただかなくて結構です」、「代金を返金しますので、商品を返品してください」などの対応ができますが、公務員の場合には、そうした対応が基本的にできません（もちろん、民間企業には民間企業ならではのクレーマー対応があることは理解しています。また、公務員に対するクレームの方が、民間企業よりもひどいという意味ではありませんので、念のため）。

このような話を聞くと、就活生の皆さんは、少し引いてしまうかもしれません。しかし、入庁後にこのような実態を初めて知ることになると、あまりにもショックが大きいかもしれません。そのため、ある程度のことを本で知ることも無駄ではないと思います。

さて、以上のようなことを踏まえ、公務員のクレーマー対応について、どのように考えたら良いのでしょうか。

まずは、組織的対応が必要だということです。クレームを受けている職員1人だけでなく、その職場にいる職員全員で、その職員をフォローすることが必要になります。

そのためには、ある程度の時間が経ったら、主任や係長など別な職員が出ていき、「どうかなさいましたか。私が代わって、お話をお伺いします」と言って、雰囲気を変えます。トラブルになっている職員に対して腹が立っていても、対応する相手が変われば、態度が変わるということもあります。

また、対応者を変えて、持久戦に持ち込むことで、クレーマーの気力を削ぐことにつながります。クレームを言い続けるにもやはり気力と体力が必要ですから、こちらも複数の職員で順番に対応していきます(例えば、担当者→主任→係長→課長、のようなフォーメーションです)。また、庁舎管理担当や警察との連携なども、日頃から考えておくことが必要になります。

当然のことですが、クレーマーに当たってしまった職員を、誰もフォローしなかったら、それはあまりにかわいそうすぎます。ある意味では、職員を見殺しにしていることと同じになってしまいます。

また、職員個人のクレーマー対応力を向上させることも必要です。具体的には、クレーマー対応の実例を知ったり、無駄なトラブルを生まない話し方を学んだりすることです。最近では、どの自治体でもクレーマー対応に力を入れており、研修も実施していますので、参加することも有意義です。

最近の職員について、「兄弟のいない一人っ子が多いため、兄弟げんかの経験がない」とか「コロナの影響もあり、対人関係スキルが育っていない」などとも言われますが、実践と経験こそが最大の研修で目の前のクレーマーにどう対応するかを、まず考えることの方が大事だと思います。

4 公務員の交渉相手

一般的に、交渉というと、民間企業における契約を思い浮かべる人が多いかもしれません。しかし、公務員が交渉することも、よくあります。国家公務員である外交官であれば、外交交渉ということもあるでしょうが、ここでは自治体職員の例をいくつかご紹介したいと思います。

まずは、業者との交渉です。これは、民間企業と同様に、契約にあたっての交渉が多くなります。例えば、自治体が環境基本計画のような行政計画を作成するにあたって、コンサルティング会社を活用することがあります。この際、各事業者によって調査手法、成果物の内容、それに投じる人数などが異なりますので、単に入札でなく、プロポーザル方式で業者を決定することがほとんどです。

こうした際、各事業者はプレゼンテーションの場では、良いことばかりを強調するのですが、実際の契約を行う段階で「それは別料金です」、「追加料金が発生します」などと言ってくることも少なくないのです。このため、職員としては、事前の提案内容と契約内容がかみ合っているかをきちんと確認しなくてはなりません。少しでも違いがあれば、そこはきちんと交渉して、契約に落とし込んでいくことになります。

また、不幸にも、「新型コロナウイルスの影響で、予定した人員を投入できなくなった」など、事前に予想できなかったことが発生し、その対応でもめてしまうことがあります。契約の中には、「本契約に定めのない事項については、協議の上、解決するものとする」との条項がありますが、これを巡っては、なかなか厳しい交渉となることもあるのです。

　プレゼンテーションの場面では、明るく親しみやすい雰囲気だった社員が、そうした交渉の場では一変して、追加料金などを要求してきたりするのです。事業者によっては、とにかく契約さえできてしまえば、自治体との関係を持つことはできるので、あとは「状況が変わりました」などと言って、上乗せ料金を要求しても構わないと考えているようなこともあるのです。こうした時には、自治体職員も激しく応戦することになります。

　ただ、自治体職員にとって、最も厳しいのは住民団体との交渉でしょう。例えば、ある幼稚園の入園者数が減少、今後も入園者数の増加が見込めないために、廃園することを決定したとします。この場合、現在在園している園児の保護者だけでなく、かつてその幼稚園を卒園した付近の住民も含めて、反対運動が起きてしまうことがあります。

　そうすると、自治体としては「〇〇幼稚園廃園に関する説明会」のようなものを開催することになります。もちろん、「説明会」となっていますが、中身は廃園したい自治体職員と廃園に反対する保護者や住民との交渉です。

　こうした場面は、いわゆる迷惑施設と呼ばれる、清掃工場や墓地などの建設計画などでも、よく起こります。行政としては、まち全体を考えた上で候補地を決定するのですが、地域住民としては「なぜ、この地域に建設するのか」と考えるわけです。やはり「清掃工場建設に関する説明会」のような場が設定されるのですが、自宅の不動産価値に影響する可能性もありますから、住民も真剣にならざるを得ないのです。

自治体としては、まち全体の利益を考えて候補地を選定しているのですが、やはりなかなかご理解いただけないこともあります。

ちなみに、こうした時は、いずれの説明会でも、住民からの怒号や罵声などが飛び交うことも少なくありません。このため、前項のクレーマー対応同様に、心身に変調を来し、休職に追い込まれてしまう職員が出てくることもあります。

それでも、自治体職員としてはこうした住民と粘り強く交渉していくしかありません。事業の必要性などの大義名分をきちんと掲げ、客観的なデータなどを用いて、論理的に説明していくことになるのです。

また、住民からの挑発的な発言などに対しても、こちらから不用意な発言をしないよう注意して、交渉していくこととなります。もちろん、こうした厳しい交渉は、1回や2回で終わることはありません。

ある意味では、どちらが根負けするかという持久戦になることもあります。しかし、それくらい激しい交渉をしないと、とてもまとまらないのです。このため、激しい交渉は、事業を遂行するための必要経費と言って良いかもしれません。しかし、先に述べたように、それに対する職員の疲弊は計り知れません。

実は、住民の方も、自治体の事情をよくわかっていたりします。このため、「総論賛成、各論反対」という立場で「施設整備の必要性は理解できる。しかし、ここに建設する必要はないのでは」という主張になっていくことが多くなります。言い換えれば、「理屈はわかるが、感情として許せない」といったところでしょうか。

ちなみに、こうした交渉が長引くと、自治体職員と反対派の代表や役員との間に、不思議な関係が生まれたりします。どちらも、「何とかこの交渉を、まとめなければならない」と考えるからです。そういう面では、両者の思惑は一致しています。

また、説明会の開催日時の決定や、議題の選定などで、頻繁に連絡を取り合うことになりますので、ある程度の人間関係が生まれてくるのです。これもまた、自治体職員にとっては、大事な人間関係の1つになるわけです。

5 住民から感謝されるということ

クレーマー対応のような仕事は、確かに職員にとっては避けたいものです。そのため、そんなことが続くと、「なんで、公務員なんかになってしまったのだろう」と、思い悩んでしまうかもしれません。

しかし、その一方で「公務員をやっていて、良かった」と思うこともあるものです。それは、やはり住民から感謝された時だと思います。こうした経験は、住民と接する機会の多い基礎自治体の職員であれば、必ずあるものです。

例えば、住民が申請手続に窓口に訪れたとします。その時、提出書類の記入方法が難しく、なかなかわかりにくい場合があります。こうした時に、職員が親切丁寧に教えてあげると、やはり喜ばれます。ほんの数分の短い住民対応であっても、機械的に対応するのか、相手の立場になって考えることができるのかで、住民の印象も異なってきます。住民に寄り添った対応ができれば住民も喜びますし、「よくわかりました。ありがとうございました」と言われれば、職員にとっても気持ちが良いはずです。

また、「窓口のベテラン」と呼ばれるような職員になると、こうした短い時間の対応であっても、住民の気持ちや事情をよく理解しています。「今から10分程度はかかりますので、他に用事があれば、どうぞそちらをお済ませください」のように機転を利かすことで、喜ばれるケースもあります。

当然のことかもしれませんが、真心で住民対応する職員には、やはりそれなりの報いがあります。その一方で、おざなりな対応しかしない職員は、仕事でやりがいや感動を得ることは、やはり難しいでしょう。

さらに、福祉などの現場では、より状況が深刻なこともあります。実際に自分が経験したこととして、生活に困窮していた単身の高齢女性が、民生委員に発見されたことがありました。たまたま、民生委員がその女性の噂を聞き、家を訪問したところ、食べるものがない、家の中もごみであふれているなど、かなり悲惨な生活を送っていたのです。

その上、体も悪かったのですが、お金がないため病院に行くこともできませんでした。その女性は、自分ではどうすることもできず、ただ家で寝起きを繰り返すだけの生活だったのです。このため、急遽、その家の調査に向かったところ、生活保護基準以下で暮らしていたことが判明し、すぐに生活保護の適用となったのです。その後、病院に行くことができ、体調も戻っていきました。

しばらくして、その女性宅を訪問したのですが、「本当に助かりました。もう死ぬしかないと思っていましたので……」ととても感謝されたことを覚えています。こうした時、やはり人の役に立つことができたと、素直にうれしくなってしまいますし、公務員をやっていて、本当に良かったとやりがいを感じる瞬間でもあります（ただ、こうしたケースで、自分の手柄のように勘違いしてしまう職員もいたりします。あくまで仕事として行ったに過ぎないのですが、こうした勘違い職員が生まれてしまうことがあるのです。これはこれで困ったことなのですが……）。

福祉の現場では、このように生死に関わることや、遠方にある老人ホームや障害者施設への入所など、人の一生に関わるような場面に立ち会うことも少なくありません。そのため、職員としても真剣になるのは、当然のことです。

ただ、福祉の現場だからと言って、必ず感謝されるとは限りません。文句を言われたり、恨まれたりすることも、当然あります。ある住民が市職員への不満を書き連ね、それを残して自殺したようなことさえもあるのです。

ちなみに、住民から感謝される経験をすることで、改めてまちづくりということを考えさせられることがあります。これは、自分が防災課に勤務していた時のことです。その当時の消防団長が、本当に地域のために無私になって活動する方でした。防災課職員という職業柄、防災訓練、消防団の訓練、各種会議など、様々な場面でその団長とお会いする機会がありました。

そうした場面があると、必ず後日に団長からはがきや手紙が届くのです。そこには、「いつも地域の防災のためにご尽力いただきまして、誠にありがとうございます」と感謝の言葉が述べられ、防災訓練参加へのお礼などが書かれているのです。

職員としては、職責であることもあり、当然のことをしたに過ぎないのですが、そうした手紙などをいただくと、やはりうれしかったです。こうした団長でしたので、消防団員に限らず、様々な人からの信望は厚いものがありました。

このように考えると、団長を中心として、消防団員、市役所、消防署、町会、自主防災組織など、幅広いネットワークが構築されていることがわかります。そして、その団長がいることで、各主体がつながって、地域の防災力向上のために、活動していることがわかるのです。まさに、これがまちづくりなのだと、身に染みた瞬間でもあります。

当然のことですが、公務員は住民から感謝されるために仕事をしているのでなく、あくまで業務として従事しているのに過ぎません。感謝を求めて仕事をするのは、本末転倒です。そのことを踏まえた上で、やはり住民から感謝されることは、公務員としては最高のご褒美だと思うのですが、いかがでしょうか。

6 「問題職員」と呼ばれる人たち

まだ公務員になっていない就活生にとっては、意外に思えるかもしれませんが、公務員組織の中には、一定数の問題職員がいます。問題職員とは、与えられた業務を行わない、無断欠勤を繰り返す、一人前の仕事ができないなど、何かしらの問題のある職員です。そんな実例をいくつかご紹介しましょう。

まず、法律違反をする者です。公金横領、飲酒運転、麻薬等の所持、入札価格を漏らすなどの守秘義務違反など、勤務時間の内外を問わず、法律に触れるものです。当然のことながら、これらのケースは法律によって刑罰が科せられるとともに、庁内でも懲戒免職などの処分がされます。これらは法律違反ですので、問題職員というより犯罪者になってしまいます。これについては、説明は不要でしょう。

いわゆる問題職員としては、次のようなケースがあります。

ケース①ハラスメント。性的な発言（セクシャルハラスメント）、職務上の優位性を利用したいやがらせ（パワーハラスメント）など。

ケース②素行不良。無断欠勤、注意しても遅刻を繰り返す、勤務時間中にたびたび席を外して仕事をしない、業務に関係ないサイトの閲覧など。

ケース③能力欠如。ケアレスミスが直らない、真面目に業務に取り組むも平均的な職員と同等の成果を挙げられないなど。

ケース④メンタルヘルスの不調。周囲の職員とコミュニケーションが取れない、情緒不安定、長期間にわたる落ち込みなど。

このケース①・②については、職員本人に非があることが明白ですので、その事実を明確にした上で処分されます。地方公務員法には、免職・停職・減給・戒告の4つの処分が規定されていますが、それ以外に口頭による厳重注意などもあります。

特に、困るのはケース②・素行不良です。こうした職員が職場にいると、その職員は一人前の仕事をしませんので、周囲の職員にそのしわ寄せがいくことになります。そうすると、周囲の職員のモチベーションは下がります。「なぜ、あいつの仕事を、我々がやらなくてはいけないんですか！」と係長や課長に言ったとしても、処分する程度のものではないと、すぐに何かしらの対応をしてくれるのは稀です。

職員を懲戒免職にするにはそれなりの理由が必要ですから、人事課としても大胆な処分はできないのです（無理やり処分すると、裁判になる可能性が高くなるからです）。質《たち》の悪い問題職員は、こうしたことをよく知っているので、懲戒免職にならないぎりぎりのラインで、素行不良を繰り返すのです。

このような職員は、実在します。「いかに自分が楽できるか」ということばかり考えているのです。周囲の職員から白い目で見られていても、気にしません。周囲の職員も、当初は怒って係長や課長に改善を求めますが、どうにもならないことがわかると、次第にその職員の迷惑が、いかに自分たちに降りかからないようにするかを考えるようになります。そして、問題職員が素行不良を繰り返しても、無視するようになります。

こうした、周囲の職員も人事課も上司も、「この職員、早く辞めてくれないかな」と思う職員が存在するのです。しかし、実態は辞めさせることができないといったジレンマが生まれることになります。民間企業でも同様のケースはあるかもしれませんが、公務員の方がなかなか辞めさせられないため、より厄介だと言えるかもしれません。

ちなみに、対応が難しいのは、ケース③・④です。これは、必ず本人に非があるとは言い切れないからで、問題職員という枠だけで考えることは難しい面があります。

例えば、ケース③・能力欠如では、本人は一生懸命にやっていても、どうしても周囲が求める結果を残すことができないことがあります。ある職員に対して、係長がデータの集計を依頼するも、いつも合計が違っていたり、入力をミスしたりするというようなことが発生してしまうのです。何度言っても、改まらないことがあります。

この場合、実は職員本人が「大人の発達障害」などを抱えていたということもあります。そのことを本人もわからないまま職員となり、働き始めてから、ようやくそのことが判明することがあるのです。そうすると、これは障害ですから、担当業務を変更したり、人事異動で配置転換したりすることになります。

ちなみに、大人の発達障害には、次の3つの傾向があるとされています。

①自閉症スペクトラム障害（ASD）

日常的な会話ができない、その場の空気が読めない、興味関心に偏りがある、急な予定変更に混乱する、などコミュニケーションに支障がある。

②注意欠如・多動性障害（ADHD）

気が散りやすく集中できない、締切を守れない、整理整頓が苦手、怒りっぽいなど、注意力などのバランスやコントロールに支障がある。

③学習障害（LD）

似ている文字を読み間違える、マス目に文字を収めることができないなど、知的発達に遅れはないものの、読む・書く・聞く・話す・計算する・推論するなどの能力に支障がある。

このような障害を抱える職員がいる場合には、周囲の職員の理解と配慮も必要となってきます。また、産業医や専門機関につなげることになるのです。

7 職場内恋愛と職場内結婚の波紋

当然ながら、公務員にも職場内恋愛や職場内結婚があります。正確な統計があるわけではないのですが、もしかすると、民間企業よりも件数や発生確率（?）は大きいかもしれません。その発生過程と周囲への影響について、ご紹介したいと思います。

職場内恋愛のきっかけは、公務員だからといって、何か特殊なものがあるわけではありません。一緒に残業をしていたら仲良くなった、たまたま同じ投票所で仕事をすることになったら意気投合した、サークルで一緒だった、もともと同期など、様々です。

特徴的な点としては、問題や困難が多い職場での恋愛発生確率が高いことです。「ある職員が急病になった」→「残された職員が頑張って、残業して対応した」→「職場内の結束力が高まる」→「恋愛に発展した」のように、何かしら問題のある職場の方が、恋愛に発展しやすい気がします。

同様のケースとしては、「問題のある課長がいる反動で、係長以下が団結し、そこで仲良くなる」、「業務が激務で、そのため職員間の連携が密にならざるを得ず、恋愛関係になった」など、恋愛に発展する理由には、職場や上司などが、影響していることも少なくありません。いわゆる「つり橋効果」でしょうか。

ちなみに、恋愛関係になった本人同士は「きっとバレていない」と思っていますが、だいたいは周囲にわかってしまうものです。なぜなら、「同じ日（もしくは時間）に、休暇を取得している」などの兆候が見られるためです。「あれ、今日も、あの2人はいないなあ」などと誰かが口走れば、周囲は監視活動を開始します。

そして、千葉県や大阪府にあるレジャー施設、主要な駅や空港、もしくは飲食店などで2人の目撃情報があれば、「ほぼ確定！」と判断されます。就活生の皆さんも、いずれ当事者になってしまう可能性もありますので、十分にご注意ください。

さて、仮に同じ職場内で結婚することになった場合、これは周囲にも影響を与えます。なぜなら、必ずどちらかが異動になるからです。さすがに、夫婦揃って同じ職場では、夫婦喧嘩を職場に持ち込まれる可能性がありますので、人事課としては認められないのです。

この時、4月1日などの定期的な人事異動の中で対応できれば良いのですが、結婚発表の時期の関係で、どうしても年度途中で異動させることもあります。こうした時は、年度途中ですので、職員が異動で転出したにもかかわらず、その後に別な職員が補充されないということも起こります。

例えば、妻が異動で転出するものの、来年4月まで職員は補充されないといったケース。この場合、欠員状態のままで業務を行わなければいけなくなります。職員が補充されない理由は、年度途中の異動はイレギュラーなので、そんなに簡単に他の職員を異動させることができないからです。こうなると、周囲の職員は「おめでとう」と声をかけるものの、その心中は実は複雑だったりします。

妻を迎える新しい職場も、年度途中での担当業務の変更や、引き継ぎなどの対応をすることになります。また、いずれ出産休暇(産前産後休暇)、育休となる可能性もありますから、それを見据えて、今後の業務を考えることになります。

ちなみに、育休は最大3年間取得することができます。この育休取得中に、次の子どもを妊娠し、また次に第三子をと、結果的に10年以上も実質的に役所で働かないという職員も実際にいます。もちろん、それは当然の権利ですし、少子化社会の日本においては、喜ぶべきことなのでしょう。

また、最近では男性の育休取得も珍しくなくなってきました。男性の育休取得は国全体で推し進めていますが、自治体も1つの事業所として、男性の育休取得率の数値を計算することになります。このため、意外にも首長も含めて積極的で、昔のように男性の育休取得に対して、白い目を向ける人は少なくなっています。

ただし、このような状況や背景の中で、人事課は人のやりくりをすることになるのです。育休職員が出たからといって、そう簡単に正規職員を採用することはできませんので、場合によっては非常勤職員の雇用や、業務の民間委託などが行われることとなります。

ところで、公務員同士の結婚は、ある意味では最強と言えます。なぜなら、しっかりとした身分保障、安定した給与ですので、経済的にはかなり恵まれることになります。このため、住宅を購入する際の住宅ローンなども最恵国待遇となります。

私の知人の1人で、マンションを購入する男性職員（妻も職員）がいました。そのマンションは販売前から人気があり、その職員が希望する角部屋は、既に予約されていました。しかし、夫婦で公務員をやっていることがわかると、もともと予約していた人に業者が部屋を変わってくれるように依頼してくれたそうです。その職員の話では、もともと予約していた世帯は同じ夫婦の2人世帯であったものの、専業主婦であったために、金銭的に不安があったので業者が融通したのでは、ということでした。

最近、よく話題となるＦＩＲＥ（Financial Independence, Retire Early　経済的自立と早期リタイア）を実現する世帯にも、公務員共働き世帯が多いと言います。これは先のようなことを考えると、確かに納得できることです。

ちなみに、公務員夫婦の離婚、そして新たな公務員同士の再婚も結構あります。ただ、そうした事例を紹介することは、また別な機会にしたいと思います。

8　意外に重要な「上司を使う能力」

世間によく知られている言葉として、「上司ガチャ」というものがあります。これは、ご存じの方も多いと思うのですが、配属された部署の自分の上司が、自分にとっていい上司であるか、悪い上司であるかというものを、ゲームのガチャガチャにかけて皮肉った言葉です。上司を選べずに運で決まることや、嫌な上司が直属となった境遇を嘆く意味も含まれます。

これは、民間企業でも同様でしょう。しかし、上司がかなりの権限を持っている公務員の世界では、これは部下にあたる職員にとっては、より大きな影響があります。

例えば、仮に、上司が公金横領などの法令違反をしていれば、即刻処分の対象となり、いずれいなくなります。しかし、パワハラ・セクハラのようなことを行っていながらも、処分までには至らないような、微妙な上司にあたってしまった場合は、最悪です。人事課は処分せず、その上司はやりたい放題、そして部下は毎日嫌な思いをし続けるということが、起きてしまうからです。

また、そこまでひどくなくても、業務を行っていく上で、上司が支障になるときがあります。なかなか決裁しない、作成した資料に対して「てにをは」の細かいことばかり指摘してくる、実は業務の進捗管理ができない、議員や上層部の言うことを何も考えずにそのまま部下に伝えるだけ、ただただ強権的に振る舞うなど、本当に困った上司は、いろいろなところにいるものです。

しかし、部下は上司を選ぶことはできません（まあ、それは上司が部下を選ぶことができないことと同じなのですが）。このため、部下としてはどうしても自己防衛が必要なのです。それが、「上司を使う能力」です。

これは、一般にボスマネジメントとも言われます。仕事の目的を達成するために、部下が上司を動かすための技術です。その具体的な方法で、特に効果がありそうと思われる2点について、お伝えしたいと思います。

第一に、上司に過度な期待をせず、役割だけに着目するということです。上司というと、面倒見が良い、部下の相談に丁寧に乗ってくれる、部下の成長を考えていろいろと指導してくれる、などの幻想を抱きがちです。しかし、今はそのような古き良き上司像に当てはまる人など、ほとんどいないのが実情です。上司は、いつも仕事に追われている、忙しい人ばかりです。また、自分のことで手一杯で、なかなか部下のことを気にすることができないのです。このため、上司に過度な期待をすることは、無理があります。

このボスマネジメントの目的は、上司による自分の業務への様々な妨害や障壁を取り除き、できる限り効率的に業務を処理することにあります。そのためには、上司は上司の役割だけ行ってくれれば良いはずです。役割に徹してもらい、それ以上の期待はしないのです。

具体的には、早く決裁する、上司の上司や関係者に速やかに周知や連絡をするなどがあります。この上司の役割をまず明確にすることです。その上で、その役割をできるだけ早く実行してもらうために、何が必要かを洗い出しておきます。

例えば、関係者などへの周知であれば、想定される関係者を一覧表にしておき、説明資料も渡しておくのです。そして、「係長、できれば○日までに、皆さんにお伝えください」と明確な締切日も添えます。ここまで具体的に示してあげれば、さすがの上司も動くはずです。役割分担が明確な公務員の上司には、これは効果的な手法です。

第二に、キラーフレーズを準備しておくことです。これは、簡単に言えば、脅し文句です。例えば、「それって、パワハラじゃないですか」など、冗談ぽく発言するのです（真面目なトーンで話すと、追及するように聞こえてしまい、かえって態度を硬化させてしまう可能性があるので注意が必要です）。これによって、「場合によっては、人事課に相談に行きますよ」ということを言外に匂わすわけです。

キラーフレーズには、他には次のようなものが想定されます。「以前は、○○と仰っていましたよね」、「市長は、○○と言っていました」、「議会から質問されたら、どうしますか」、「今、『こんなこともわからないのか』って、仰いましたか」、「それはどういう意味で、仰っているのですか」、「この件について、係長ご自身は、どうお考えなのですか」――いずれも、上司としては「ドキッ」とするフレーズです。これらを攻撃の武器、もしくは自己防衛のための道具として、抱えておくわけです。

また、脅し文句とは異なるキラーフレーズもあります。例えば、何かを依頼する時に、まず上司を持ち上げておいてから頼むのです。「先日の係長のご指摘で助かりました。課長からも、よくまとまった資料だと、お褒めいただいたんです。ありがとうございました。……あっ、すみません。ここにハンコいただけますか」などです。

ちなみに、公務員の場合は、住民サービスの向上が大事な大義名分になります。このため、「係長、すみません。今日決裁が終わらないと、業者さんへの振り込みが遅れてしまうのです」や「資料が早く出来上がれば、住民もすぐに内容を知ることができて、きっと喜ばれますね」なども効果的です。

「なんで、あんな上司のせいで、こちらが苦労しなければいけないんだ！」と思うかもしれませんが、首長にならない限り、必ず上司は存在してしまいます。今のうちから、対処法・上手なコミュニケーション方法を知っておいた方が、今後の役所人生には有益だと思うのですが、どうでしょう。

9 公務員によく見られる「面倒な人達」

長い間、公務員をしていると、本当にいろいろな職員と出会います。それは、学校であろうと、民間企業であろうと変わりはないと思うかもしれません。しかし、実は公務員特有というか、公務員ならではのタイプという人々が存在するのです。

就活生の皆さんが、いずれ公務員になったとしたら、そうしたタイプを見て、驚いて困ってしまうかもしれません。そんなことが起きないように、老婆心ながら、こうした方々の特徴について、ご紹介したいと思います。

まずは、「あらさがし名人」。既に、これまでも触れてきましたが、公務員にとっては正確さが第一の面があります。このため、とにかく間違いを見つけることに敏感で、人によってはそこに喜びを見出しているような職員がいるのです。

例えば、複数の課が集まって会議が開催されたとします。その際、事務局となっている課が、何種類もの資料を作成したのですが、かなり突貫作業で作成してしまったこともあり、随所に間違いがありました。すると、名人は会議の本題である議論を開始する前に、おもむろに「ちょっと、良いですか……」と挙手をします。そして、次のようなことを指摘するのです。

「資料1に『地方公務員法6条に基づき』とありますが、正式には6条2項です」

「対象者に住民だけでなく事業者も含めるならば、『協同』でなく『協働』が妥当です」

「『最小の経費』と記載してありますが、地方自治法では『最少の経費』です」

「この（1）以下の文章は、1マス空けですから、段ズレになっていますね」

「資料1では『住民』とありますが、資料2は『市民』と書かれていますが……」

「あれ、ここは複数のものを含みますから『等』が必要ですよね」

……などと、資料の過ちの指摘を延々と話し続けるのです。こうなると、全く議論が進まなくなってしまいます。このため、事務局の課の職員が、「すみません、確かに資料に誤りがありました。ただ、本日のメインは、各課で議論していただくことですので……」などと話を戻そうとすると、すかさず反論されます。

「いえいえ、やはり協働の1つをとっても、意味が異なれば、内容も異なってきますので、ここはまず資料の修正を確認することから始めないと」などと言い、全く会議にならなくなってしまうのです。どうしても、公務員の場合は、「正確さが命」みたいな面がありますので、なかなか名人の攻撃を打ち返すことは困難になってしまうのです。しかし、このことにより、多くの職員の時間がムダに費やされることになります。

次に、ご紹介するのは「こだわり職人」です。皆さんも想像していただければ、おわかりかと思うのですが、特定の分野に精通している、もしくはその分野の経験年数が長い人は、独特のこだわりを持っていることがあります。例えば、法務担当歴10年以上とか、人事一筋15年などのような経歴の人です。こうした職員は、用語の使い方やささいな違いに非常に敏感です。

例えば、人事課歴の長い職員に、「来月の係長試験の準備で、今は忙しいでしょう？」などと言ってしまうと、大変です。「係長試験ではなく、係長選考でしょ。これは、競争試験でなく、選考だからね」などと、一般職員にはどうでも良いようなことに、こだわりを見せます。

ちなみに、地方公務員法上では試験と選考の意味が異なることを、先の職員は述べています。簡単に言えば、「試験」とは参加条件をクリアしていれば誰でも受験できるもので、「選考」とは特定の者がその職に相応しいかを判断するという区別があります。このため、公務員採用試験に合格して名簿に記載されるものの、実際には任用されないということがあります（国家公務員試験の例が、わかりやすいでしょう）。

こうした「こだわり職人」は庁内のいたるところに存在していますので、迂闊な発言や不用意な資料などを耳にしたり、目にしたりすると、その反発たるやたいへんなものがありますので、注意が必要です。

最後は、「なにがし大家」です。このタイプは、とにかく自分を大きく見せたがります。会議などで、「これは演説か？」と間違えるほど、傍若無人かつマウントを取るように、偉そうに話をします。しかし、その内容に意味があるかと言えば、そんなことはなく、ただ当たり前の話を、ゆっくりと大きな声で話すだけなのです。そうした自分の姿に酔っているだけなのです。

このタイプには中身がありません。このため、「結局は、どういうご意見なのですか」と聞くと詰まってしまうのです。また、「つまり、何がしたいのですか」といっても何も出てこないのです。「だから、なにがしたいか？」と、周囲はため息をついてしまうのです。

このタイプは、責任を取るつもりはないくせに、とにかく言うことだけは言う。しかも、それは特に意味のあることではなく、至極当然の一般論だけを述べるという、非常に困った人達なのです。

以上の3つのタイプは、簡単に言えば、公務員特有の「面倒な人達」なのです。実は、この他にも、まだいくつかタイプはあるのですが、これ以上、書いてしまうと、公務員志望者がさらに減ってしまうかもしれません。このため、非常に残念ではありますが、ペンを置かせていただきます。

10 ともにまちづくりを行うパートナー

自治体は、住民福祉の向上を目指して、まちづくりを行っていきますが、当然のことながら、自治体単独でまちづくりができるわけではありません。そこに住む市民はもちろんのこと、事業者、関係団体など様々な団体や人々が関わってきます。

こうしたまちづくりの主体とも言える方々は、ある意味では、自治体のよき商売相手、もしくはパートナーと言えるかもしれません。こうした方々と上手な人間関係を構築することも、公務員にとっては大事なことです。

この典型的な例としては、自治体内に設置される附属機関のメンバーとの関係です。附属機関とは、一般には審議会や審査会という名称になります。自治体が何かを決定する前に、必要な調査、審議、審査などを行うのです。そのメンバー（委員）は、大学教授などの学識経験者、施設運営者やＮＰＯなどの関係団体職員、町会長や民生・児童委員などの地域代表者、関連企業の社員、公募市民などになるのが一般的です。

例えば、市が地域福祉計画などの行政計画を策定するにあたって、こうした審議会を組織するのです。そして、様々な人の意見を反映したものを審議会答申などの形にまとめ、自治体はそれを踏まえて行政計画などを決定するのです。言い方は悪いのですが、自治体が勝手に作ったのではなく、地域の代表者や市民と一緒になって計画を作成したという体裁を取るために、こうしたプロセスが必要となるのです。

まず、大事なのは、この審議会のトップ（座長、委員長など）を決めることです。これは、学識経験者であることが一般的です。審議会の内容を踏まえ、その学識経験者の専門分野などを見て、人選することになります。この人選は、非常に重要です。

学識経験者の中には、ご自身の意見に固執する方もいるからです。決して、自治体の言いなりになってくれというわけではないのですが、ゴールを共有しておかないと、成果物としてまとまったものが、自治体の考えるものと全く別なものになってしまうことがあるのです。また、トップの人には、円滑に審議会の運営を進めていただく必要があります。このため、強権的であったり、コミュニケーションに問題があったりする人では困ることになるのです。

例えば、先の地域福祉計画を作成することとなり、市内にある大学の教授に依頼するとします。この場合、大学に赴き、計画の内容やスケジュールなどを示し、教授に理解してもらった上で、就任してもらうことになります。この中で、教授との間に円滑なコミュニケーションを構築しておくことが必要となります。

また、市内にはデイサービスなどの介護施設がありますので、その施設長や、障害者団体の代表などにもメンバーになってもらいます。さらに、こうした場合、委員となりたい市民を公募して選定するのが一般的です。

こうしたメンバーで構成された審議会で、意見を1つにまとめるのは、結構たいへんです。なぜなら、委員それぞれが抱えている背景が異なるため、見ている視点が違っていたり、目標が異なったりすることが少なくないからです。このため、1つの計画としてまとめるのは、なかなかたいへんな作業なのです。実際に、たった一行の表現をめぐって、長時間の議論になってしまうこともあります。

自治体職員としては、メンバーの方々に対して、「こちらから、お願いして委員に就任してもらっている」という負い目があります。しかし、一方では1つの計画にまとめなくてはなりませんので、意見が対立するような場合には、一方にはどうにか理解してもらうということも必要になってきます。このように、委員の方々とは難しい関係になってしまうこともあるのですが、そこを何とかやりくりすることが求められるのです。

場合によっては、その委員の自宅や勤務先などに出向き、内容を十分説明したり、その方の意見をよく聞いたりすることで、納得していただくということもあります。

また、こうした委員の中でも、公募市民という方々は、非常に貴重な存在になります。無報酬もしくはかなり低い報酬額にもかかわらず、自らそうした委員になろうという方は、意識の高い方が多いので、自治体としては非常に有難いのです。

ただ、こうした会議は、平日の昼間に開催されることが多いので、60代以上であることが多いのが実態です。ただし、内容によっては、子育てを終えた主婦の方などが応募してくれることもあります。また、実はいずれ市議会議員に立候補しようと考えているような野心家もいたりします。

この公募市民の方の意見は、自治体にとっては新鮮であることも多いのです。学識経験者や関係団体職員などからは、著作やある程度のつきあいがあることから、それほど突飛な意見が出ることはありません。関係団体の場合は、自分の団体のために発言するということもあるのですが、それでも想定の範囲内であったりします。

しかし、公募市民の方は、何の思い入れや偏見もなく、純粋な気持ちで発言しますので、「なるほど、そう考えるのか」と思わされることも少なくないのです。当然と言えば、当然なのですが、それが市民の思いや意見であったりするわけです。そして、時には、アリバイ作りのような会議の進行に厳しいご意見を言うこともあるのです。しかし、こうした委員になってくれたことがきっかけとなり、その後もいろいろな面で自治体に協力してくれることもある、とても有難い存在なのです。こうした審議会のメンバーは、共にまちづくりを行うパートナーとして、自治体職員としては大事な存在になるのです。

終章

公務員という生き方

1　公務員としてのやりがいとは何か

これまで公務員の様々な様子や実態をお伝えしてきましたが、改めて公務員としてのやりがいについて考えてみたいと思います。

当然のことながら、仕事のどこにやりがいを見出すかは、人それぞれです。ただ、個人的には公務員という仕事は、いろいろなやりがいを見つけるチャンスが多いような気がします。

まず、公務員は公益のために働くことができます。一般の民間企業とは異なり、売上や利益を強く意識せず、「住民福祉の向上」という大義名分のために働くことができるのは、公務員ならではでしょう。

純粋に、住民から「ありがとう」や「助かりました」などの言葉をかけてもらえると、「公務員をやっていて良かったなあ」と心から思います。もちろん、住民同士の利害が対立していたり、滞納している税金を取り立てたりなど、いつも住民に喜ばれるとは限りません。それでも、住民のために、利益度外視で働くことができるのは大きな魅力です。

また、行政サービスはとても幅広いことから、自分の興味や関心を見つけられる機会が多くあります。例えば、これまでは全く福祉とは無縁だった新人職員が、最初に配属された福祉の仕事にのめり込んでいき、資格を取得したり、大学院に入ったりして、自分の専門性を築いていくようなことも珍しいことではありません。

職員によっては、高卒で事務職として入庁したものの、土木などの専門職に強い興味を持ち、大学に通った後に、専門職へ転職したという人もいます（この場合は、そうした試験を改めて受験することになります）。

専門性を高められるのは行政分野に限らず、プログラミングなどのＩＴスキル、広報誌作成やクレーム対応などのビジネススキルなどもあります。

こうした専門性を高めた職員は、庁内だけに留まらず、庁外でも活躍することになります。他自治体や各種団体での講演、書籍の執筆、ボランティア団体への指導など、活躍の幅が広がりますので、強いやりがいや手応えを感じることができます。もちろん庁外活動にあたっては、上司の許可などが必要となります。

しかし、定年退職後であればそうしたことも必要なくなりますので、まさに公務員時代に獲得した知識・経験を活かして、退職後も活躍することができます。こうなると、単に公務員としてのやりがいだけに留まらず、その人の人生そのものになることさえあります。

それは、それで素敵な人生ではないでしょうか。

さらに、自分の周りにいる身近な人を助けられることも、「公務員をやっていて良かった」と思う時かもしれません。既に述べたように、基礎自治体であれば、人の一生のあらゆる場面、生活の至る所に役所の業務は関係してきます。

母子手帳、出生届、親になるための教室、保育園・幼稚園、小中学校、青少年活動、奨学金、就職、婚姻届・離婚届、転入・転出届、健康診断、税金、シルバー人材センター、老人クラブ、スポーツ・文化施設、死亡届、防災、道路・河川の管理、選挙、議会など、数え切れません。

公務員としての経験を重ねていくと、たとえ実際の配属先でなくても、各部署がどのようなことをやっているのかは理解できます。そうすると、公務員ではない親類や友人、また近所の人も含めて、いろいろと質問されたり、頼まれたりすることが多くなってくるのです。

私自身の経験でも、「保育園入園の手続きについて教えてほしい」、「家の前の街灯が消えたので、なおしてほしい」、「地域で防災訓練を行うので、市から機材を借りたい」、「ボランティア活動で困っていることがあるので、相談に乗ってほしい」など、様々なことを依頼されました。

自分が知っている内容であれば、教えることは難しいことではありません。また、自分では対応できない依頼であれば、担当部署に連絡したり、担当者を紹介したりすれば済みますので、公務員にとっては決して難しいことではありません。

そうした周囲の人の困りごとを解決できれば、感謝されますので、やはり「お役に立てた」との手応えを感じることができます。また、こうした活動は、役所にとってもプラスになるのです。例えば、役所の担当部署も「街灯が消えているのに気付かなかった。連絡してくれてありがとう」などとなるからです。両者にとってプラスになる橋渡しができ、両者から感謝されるというのも、公務員としてのやりがいと言えるかもしれません。

公務員としてのやりがいは、上記だけに限りません。一般の民間企業と同様に、組織の中で出世することなどにやりがいを見出す人もいるでしょう。また、新規事業を立案した、担当となった困難業務を何とか成し遂げることができた、というようなこともあるかと思います。

就活生の皆さんにとっては、「公務員にやりがいはあるのか」は気になる点かもしれません。これまで述べたようなやりがいを感じられる場面は多くありますが、それが皆さんに該当するか否かは、皆さんにしかわかりません。ただ、少しでも「面白そうかも」と思ったことがあれば、公務員向きと言えるのではないでしょうか。

2 仕事で悩んだときにはどうすれば良いのか

公務員であれ、ビジネスパーソンであれ、仕事で悩むことは当然あります。そのような時に、どうすれば良いのでしょうか。公務員として起こりそうな事例をいくつか紹介してみたいと思います。

①職場がブラックだった

ブラックな職場とは、既に述べたように、①長時間労働、②休暇を取得できない、③残業代が支給されない、④パワハラ・セクハラ・いじめ・嫌がらせなどがある、⑤強権的な命令が多い、⑥精神論が多い、やりがい搾取がある、などの特徴があります。

法令に基づいて業務を行う役所が、法令を自ら犯すことがあるのか、と思うかもしれませんが、実際にはあります。このため、自分の身を守るためにも、何かしらの対応をする必要があります。

こうした場合には、人事課に行って相談するのが良いでしょう。役所であれば、ブラック企業のように「社員を使い捨てる」ということはなく、基本的に職員を大事に育てようとします。また、人事課にとっては「職場における労働者の安全と健康の確保」や「快適な職場環境の形成促進」という労働安全衛生は大事な役割です。このため、そうした問題を放置できないのです。

ただ、人事課は、場合によっては、そうした上司を庇って、組織防衛に走ることもないとは言えません。そうした際には、職員団体（いわゆる労働組合）への相談が有効です。

②自分に合わない部署に配属されてしまった

「どうしても担当業務が、自分には合わない」ということは、やはりあるものです。

例えば、朝起きて、職場に行くことを考えただけで、胸がドキドキする・息苦しくなるなどの兆候があれば、いずれ心身の不調で病欠や休職になってしまうかもしれません。そうなると、「仕事が合わないなど、甘ったれるな」などの段階ではありませんから、すぐに上司に相談した方が良いでしょう。こうした場合、すぐに異動することは困難であっても、担当業務の変更などの対応をしてくれます。

しかし、そこまで切羽詰まったものでないと、「異動年限まで、あきらめるしかない」ということになります。そうすると、「仕事のどこかに、小さな喜びを見つける」、「とにかく、効率的に業務を行う工夫をする」、「仕事はあきらめて、プライベートを充実させる」など、何とか乗り切る方法を自分で考えることになります。もちろん、場合によっては、思い切って転職するという方法もあります。

なお、このような時には、近くにいる先輩などに相談してみると良いでしょう。例えば、福祉事務所のケースワーカーなどは、あまり職員に人気がありません。しかし、毎年多くの職員が異動でやってきて、その多くが異動年限まで勤め上げます。そうしたコツを理解しているのは、やはり経験者ですから、それらを聞き出すことは有効です。また、仕事が嫌でも、職場の人間関係が良好だと乗り切れることもあります。まずは、周囲の人を頼ってみましょう。

③職場の人間関係が良くない

上記とは反対に、仕事は好きだけど、職場の人間関係が良くないということもあります。これはパワハラなど、特定の個人に問題があるということではありません。例えば、同じ職員同士なのに、協力せずにお互いが仕事を押し付け合ったり、特定の職員の仲が悪くて職場の雰囲気が殺伐としていたりする場合です。こんな時は、いくら仕事に興味があっても、やはり職場に行きたいとは思わなくなってしまうでしょう。

例えば、同じ職員同士が険悪であれば、係長に相談することが考えられます。また、係長と職員の関係が悪ければ、課長に相談することが考えられます。ただ、人間関係の問題ですので、すぐにすっきり解決というわけには、なかなかいきません。

こうした時は、自分のモチベーションが下がらないように、また、自分に被害が及ばないように、何かしらの対応をすることになります。「周囲のことは気にせず、自分の仕事を粛々とやっていこう」との割り切りも必要かもしれません。

④担当業務を上手く処理することができない

与えられた業務を上手く処理できないことも、職員を悩ますことの1つです。ただ、この場合、上手く処理できないのには、理由があるはずです。

例えば、書類の理解に時間がかかってしまう、専用端末の操作に慣れていないなどは、異動してきた職員であれば、誰しも当初は経験することですので、それほど深く悩む必要はありません。時間が経てば、いずれ慣れてくるでしょう。

しかし、ある程度の時間が経過しても、それでも上手く処理できないのであれば、何らかの対応をすることが必要です。ただ、その時は、自分一人で抱え込まず、まずは前任者など周囲の人に相談してみると良いでしょう。例えば、前任者がベテラン職員だったのでスムーズに業務を行えたに過ぎず、本来は業務内容をマニュアルにしておく必要があったなど、組織的な問題の可能性もあるからです。

さて、いずれにしても仕事で悩むことは誰にもあることです。しかし、それを一人で抱え込んでしまうのは、避けた方が良いでしょう。また、退職を決意するのは、最終手段であって、それまでに行えることはいくつかあるはずです。

3 公務員からの転職

公務員を辞めて転職する——こうした人は、実際に多くいます。

よくマスコミで報道されるのは、いわゆる国家公務員総合職（かつてのI類）に合格し、将来はキャリア官僚として活躍が期待されていた若手職員が、国会などの激務や安い給料が嫌になり、外資系企業やコンサルティング会社などに転職する例です。こうした人材は、たとえ国家公務員を退職しても、引く手は数多のようです。

また、そうしたエリート官僚でなくても、若くして退職した場合には、地方公務員経験者などであっても、いわゆる第二新卒として取り扱ってくれるでしょう。なお、一般的には、第二新卒という場合には、新卒で入社して3年未満の求職者を指しますので、年齢としては25歳前後となります。

上記以外の例をいくつかご紹介しましょう。公務員の経験を活かさないで転職する人もいますが、そうした特異な例は参考になりませんので、ここでは、公務員の経験を活かして、他の職業に就くパターンをご紹介したいと思います。

まず、議員になる人です。実は、元職員が議員になることは、珍しいことではありません。市職員を退職してそのまま市議会議員に立候補する、国家公務員を辞めて地元の県・市議会議員に立候補するのです。場合によっては、その後、首長になるという人もいます。

また、公務員時代の専門分野を活かして、その分野に就職するという元職員もいます。福祉分野の経験が多いことから社会福祉法人に就職し、施設長になったり、経営に携わったりするのです。教育分野に明るい人が学校法人の職員になったり、栄養士だった元職員が給食サービスを提供する会社に就職したりすることもあります。

実は、「市役所などの官庁と上手に折衝できる元職員」は、意外に重宝されるのです。なぜなら、そうした元職員を抱えることにより、役所からの委託業務などを獲得しやすくなるからです。そうした職員が持つノウハウを活用できるためです。昔から言われている「天下り」をイメージしてもらうと、わかりやすいかもしれません。

なお、あまり知られていないかもしれませんが、公務員としてある程度の経験があれば、行政書士の資格を得ることができます。具体的には、国家公務員または地方公務員として行政事務に17年以上（中卒の場合は20年以上）従事した場合、行政書士の資格取得が認められる制度があります。このため、行政書士事務所に転職して、いずれは独立して自分で事務所を開設するということもあります。

また、公務員を辞めて、大学教授、専門学校や公務員予備校の教師になるという人もいます。大学教授になるには、ほとんどの場合、大学院卒業が必須となります。そこで、地方自治、公共サービス論、行財政運営などのほか、福祉などの行政の個別分野を教えるのです。

専門学校や公務員予備校の教師の場合は、やはり福祉などの行政の個別分野の他、公務員試験合格の経験を活かして、筆記試験や面接の指導を行ったりしています。

さらに、公務員を辞めて、独立するという人もいます。この場合、執筆活動、研修講師のほか、ユーチューバーやライターなどになることもあるようです。独立の形態としては、個人事業主や会社の設立です。公務員として組織の中で働くことから一変して、フリーランスになったり、一国一城の主になったりするわけです。

ちなみに、こうした転職や独立にあたっては、やはり自分の「市場価値」というものが大きく問われます。自己啓発などを全くせず、ただ役所の仕事を前例踏襲で行っているだけでは、転職するのはやはり難しいでしょう。このため、公務員になってからも、この市場価値を意識しておくことは大事なように思います。

例えば、実際に転職する意思がなくても、転職エージェントに面談してもらったり、転職サイトに登録したりすると、どのような企業を紹介されるのかがわかります。また、クラウドソーシングで募集している仕事の内容を見るだけでも、自分に何ができそうかを把握できます。

さて、公務員からの転職にもいろいろなパターンがあることがおわかりいただけたと思います。かつては、学校卒業後に、会社や役所に入ったら、定年まで勤め上げるのが一般的でした。しかし、それは随分変わってきています。そもそも役所自身も、社会人経験者を対象とした試験を実施しています。

このため、「一度公務員になったら、定年までいなければならない」と考える必要は全くありません。ですので、公務員に少しでも興味があるのならば、いったん公務員になってみて、その先の将来については、働きながら考えるというのもありだと思います。やはり、実際に働いてみないと、わからないこともあるからです。また、「腰掛けのつもりで公務員になってみたものの、意外に居心地が良くて、結局定年までいた」という人も、結構多いのです。

もちろん、ちょっと働いただけで嫌になり、すぐに転職を繰り返すようでは、役所だけでなく、他の企業などに行っても使い物にならないので注意が必要です。

4 公務員を退職してからわかること

これまで公務員の様々な面を取り上げてきました。皆さんも、かなり具体的に公務員像がイメージできたのではないでしょうか。そこで、最後に公務員を退職してからわかることをまとめてみたいと思います。

というのは、やはり公務員を退職して、ようやくわかることがあるからです。在職中は、どうしても公務員という鎧を着て働き、生活しています。しかし、退職してその鎧を脱ぐことで、初めてその鎧、つまり、公務員としての様々な制約やしばりを認識することができるからです。そのことを皆さんにもお伝えした方が、より客観的に公務員を知ることができると思うのです。

まず、公務員として行動や言動が制限されることが多いことです。例えば、副業禁止です。既に述べたように、原則、公務員は副業ができません。このことは、単にアルバイトや小遣い稼ぎができないだけに留まりません。

　前項でも触れた、自分の市場価値を測ることが難しくなるのです。言い方を変えれば、公務員としての経験を重ねれば重ねるほど、役所以外で活躍できなくなり、転職などが難しくなることを示しています。

　もちろん、自分の専門性を高めて書籍を執筆したり、研修講師をしたりする例はあります。しかし、これもまたお役所世界の中での需要がほとんどです。民間企業などから、そうしたスキルが求められることは、あまりありません。このため、公務員経験の長い大多数の人は、公務員として定年まで生きることを余儀なくされるのです。

　このことを「定年までクビにならないから、安心だ」と捉えるのか、「社会や世間から取り残されて、使い物にならない人間になってしまう」と考えるのかは、人それぞれでしょう。ただ、民間企業に勤めるビジネスパーソンが、転職によってスキルアップできることを考えると、公務員はかなり不利と言わざるを得ないでしょう。

　また、組織人としては、組織のルールに従わなくてはなりません。これは民間企業でも同様ですが、組織のトップである首長が政治家であることは、少し別な意味合いを持ちます。それは、首長の政策が、自分の住むまちに直接大きな影響を与えることです。

尊敬や信頼できる首長であれば良いのですが、選挙で受けるようなことばかり言うポピュリズムの首長の下で働くのは、かなりつらいものがあります。もし税金が有効に使われていないことを目の当たりにしたら、「本当にこれで良いのだろうか」「自分の住むまちは、良くなっているのだろうか」と考えてしまうでしょう。また、そうしたトップが運営する組織に、自分の身を委ねてしまっていることにも、不安を感じてしまうはずです。しかし、公務員として生きる以上は、こうした制約の中で生きるほかありません。

やはり、役所生活が長くなればなるほど、自分の役所組織の中でしか生きられなくなってしまうのです。なぜなら、役所以外の場所で何かに挑戦することが難しいため、どうしても役所の外の市場や社会のニーズに疎くなってしまうからです。気が付いたら、自分が勤務する役所だけに通じるルールや庁内政治が、その人の頭の中心になっているのです。新人職員の頃は様々な実力や可能性を持っていたのに、時間をかけてそうしたものを失っていき、結果的に、もう他の世界では通用せず、その役所内でしか生きられない人になってしまうわけです。

公務員として働いている間は、そうした危険性に気付くことがありません。なぜなら、周りも皆同じ公務員ですので、基本的に同様の発想・思考になっているからです。定年退職して、自宅で何もすることなく家に1人でいるようになって、初めてそのことに気付くわけです。しかしそこで慌てても、もはや自分の居場所はどこにもなかったという人は、意外に多いのです。

公務員を退職すると、こうした組織の制約がなくなります。「自分の時間を好きなように使える」、「自分がやりたいことにチャレンジできる」、「自分の考えや思いを、自由に発信できる」などです。これは有難いことです。

一方で、公務員を退職すれば、毎月振り込まれていた給料はなくなります。このため、「生活が不安定になってしまう」と不安に思うのは当然のことでしょう。しかし、公務員として安定した給料を手にできる一方、先のような組織人・公務員としての制約を受け続けて定年まで過ごすのかは、やはり十分に考えてみる必要があると思います。

自分自身、30年以上も公務員生活を続けてきました。そのことを、決して後悔はしていませんし、「公務員生活は、楽しかった」と思う1人です。ただ、定年前に退職を決意したのは、もう少し別な生き方をしてみたい、公務員のままで一生を終えたくないとの思いが高まったからです。それは、公務員生活を長く続けてきたからこそ見えた限界や制約を、ひしひしと感じてしまったからに他なりません。

皆さんもいずれ公務員になるかもしれません。当初は、無我夢中で仕事に取り組むことになるでしょう。しかし、いずれ退職する時は、必ず来るわけです。そのことを見据えて、「公務員になって良かった」と思ってもらえればと、心から思う次第です。

公務員《こうむいん》になりたい！　ベテラン公務員《こうむいん》が教《おし》えるお役所就職《やくしょしゅうしょく》ガイド

二〇二三年二月二〇日　第一刷発行

著　者　秋田《あきた》将人《まさと》

発行者　太田《おおた》克史《かつし》
編集担当　片倉《かたくら》直弥《なおや》

発行所　株式会社星海社
〒一一二-〇〇一三
東京都文京区音羽一-一七-一四　音羽YKビル四階
電　話　〇三-六九〇二-一七三〇
FAX　〇三-六九〇二-一七三一
https://www.seikaisha.co.jp/

発売元　株式会社講談社
〒一一二-八〇〇一
東京都文京区音羽二-一二-二一
（販　売）〇三-五三九五-五八一七
（業　務）〇三-五三九五-三六一五

印刷所　凸版印刷株式会社
製本所　株式会社国宝社

アートディレクター　吉岡《よしおか》秀典《ひでのり》（セプテンバーカウボーイ）
デザイナー　五十嵐《いがらし》ユミ
フォントディレクター　紺野《こんの》慎一《しんいち》
校　閲　鷗来堂《おうらいどう》

ISBN978-4-06-530952-0
Printed in Japan

247
SEIKAISHA SHINSHO

次世代による次世代のための

武器としての教養
星海社新書

星海社新書は、困難な時代にあっても前向きに自分の人生を切り開いていこうとする次世代の人間に向けて、ここに創刊いたします。本の力を思いきり信じて、**みなさんと一緒に新しい時代の新しい価値観を創っていきたい。若い力で、世界を変えていきたいのです。**

本には、その力があります。読者であるあなたが、そこから何かを読み取り、それを自らの血肉にすることができれば、一冊の本の存在によって、あなたの人生は一瞬にして変わってしまうでしょう。**思考が変われば行動が変わり、行動が変われば生き方が変わります。**著者をはじめ、本作りに関わる多くの人の想いがそのまま形となった、文化的遺伝子としての本には、大げさではなく、それだけの力が宿っていると思うのです。

沈下していく地盤の上で、他のみんなと一緒に身動きが取れないまま、大きな穴へと落ちていくのか？　それとも、重力に逆らって立ち上がり、前を向いて最前線で戦っていくことを選ぶのか？

星海社新書の目的は、**戦うことを選んだ次世代の仲間たちに「武器としての教養」をくばることです。**知的好奇心を満たすだけでなく、自らの力で未来を切り開いていくための〝武器〟としても使える知のかたちを、シリーズとしてまとめていきたいと思います。

2011年9月

星海社新書初代編集長　柿内芳文

SEIKAISHA SHINSHO